アテナ女神像

エピクロスとストア

・人と思想

堀田　彰　著

83

CenturyBooks　清水書院

はしがき

原子とは二つに分割できない一個の物体である。原子論とは物体が原子から構成されているという主張である。これに正反対の理論は、物体の一様性と連続性を主張する。古代においては、デモクリトスが原子論の開祖であり、他方、アナクサゴラスは連続性の理論を唱えた。

量に関する最初の厳密な観念は数の考察に基づく。もろもろの具体的な量が実際に測られ計算される場合には、数が利用される。ところが、数は非連続的で一つの数から次の数へと跳んで移る。他方、幾何学にでてくる量は本来連続的である。この幾何学的量を比較するのに数を適用しようとしたところから、不尽根数や空間の無限分割可能性の教義が生まれた。だが、これと同じ考察が時間に適用されることはなかった。だから、エレア派のゼノンに見られるように、有限の時間内に無限の点を渡り得ないことを根拠に、運動否定論が展開されることとなった。空間と同様に、時間も無限に分割できることをはじめて指摘したのはアリストテレスであった。

同様の議論を物質に適用するのは容易なことだ。物質が広がりをもち空間を占拠しているとすれば、物質は無限に分割できるという教義のほうがより科学的とみなされよう。これに対し、原子論者は物質と空間の相違を強調し、原子が宇宙を満たしているわけではなく、原子の間には空虚な空間があるとした。そうでなければ、運動はありえないことになる。他方、連続論者は、真空は存在せず、空間のあらゆる部分は物質でつまっていて、あらゆる運動は水中の魚の運動のようなものだ、と考えた。魚の正面の水が魚が背後に残した場所に退いて流れ集まるというようにして運動が生じる、というのである。

原子論と連続論とは、それぞれエピクロスとストアの自然学の根拠であった。しかしながら、アレクサンドロスの死亡にはじまるヘレニズム時代にあっては、彼らの主要関心は倫理学に向けられていた。エピクロスは、「かくれて生きる」ことを柱に、身体の無苦と精神の平静を説いた。ストアは、大自然の演出するドラマを理解し、それに参画して生きることを柱に、脱感情を説いた。この倫理的関心の方向の相違はそのまま彼らの知識論、とくに感情をめぐる教義の相違となって表れる。エピクロスが感情を真理標識の一つとしたのに対して、ストアは感情を病める理性として退けた。

たしかに、彼らの哲学は独断論である。だが、知識論・自然学・倫理学の三部門にわたって統一性のある哲学体系をはじめて樹立したこと、この点は大いに評価されてよかろう。以下の叙述の中では、この体系性を明らかにすることを軸としよう。その順序は、西欧哲学の伝統に従って、知識論（論理学・規準論を含む）、自然学（形而上学《タ-メタ-タ-フュシカ》を含む）、倫理学（政治学を含む）としよう。

目次

はしがき……三
序　アテナイの諸学派……八
I　エピクロスの生涯と著作
エピクロスの生涯……一四
エピクロスの著作……四一
II　エピクロスの思想
規準論（知識論）……五〇
自然学……七九
倫理学……一〇〇
III　ゼノンの生涯とストアの著作

ゼノンの生涯……一三三
ストアの著作……一四三

Ⅳ　ストアの思想

知識論……一四六
自然学……一六七
倫理学……一九八

あとがき……二三三

学派の系譜……二三五
年　譜……二三七
参考文献……二四二
さくいん……二四四

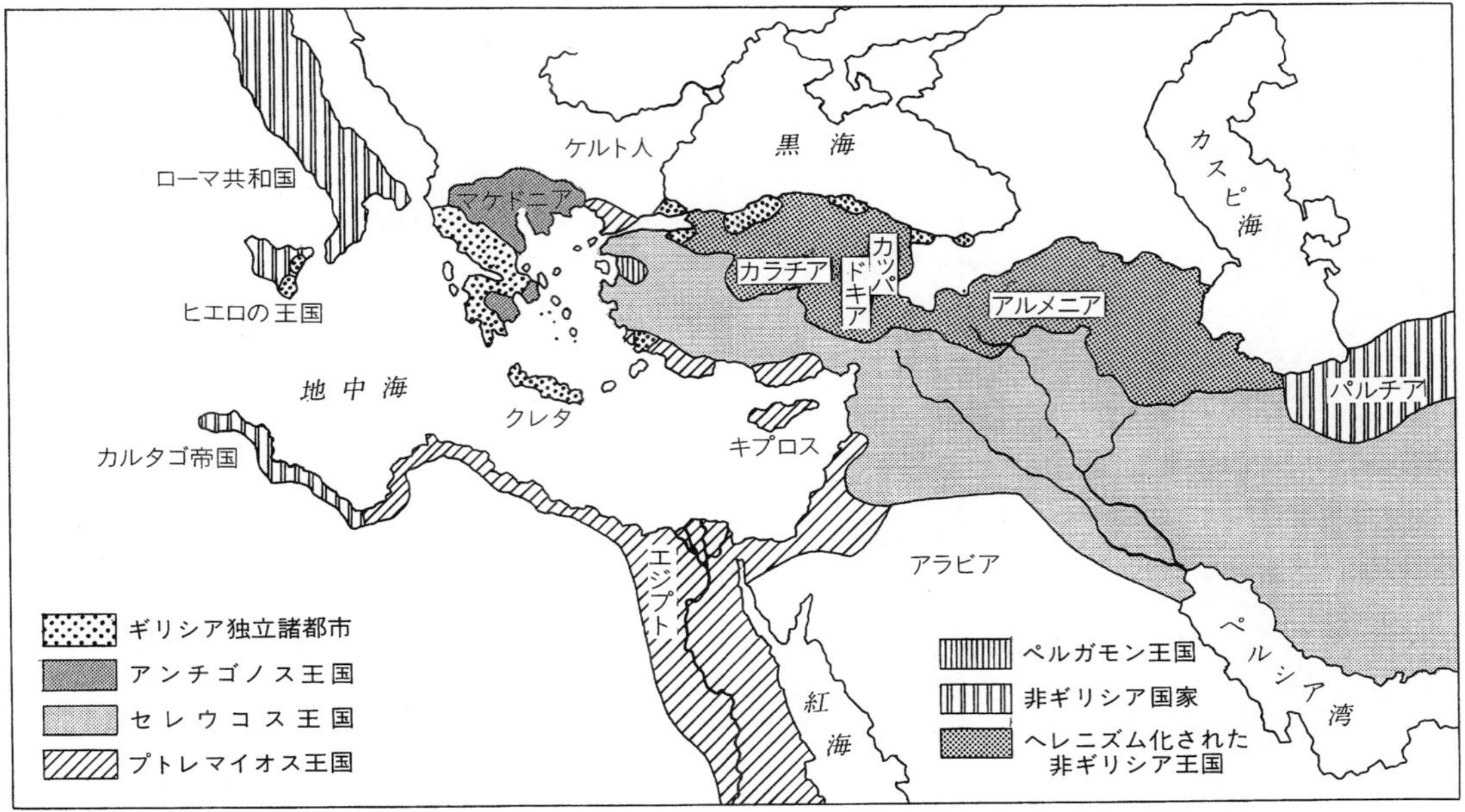

前240年ころのヘレニズム世界

序　アテナイの諸学派

ロングとセドリーの近著『ヘレニズム時代の哲学者たち』は、最初に、アリストテレスの亡霊に託して前二七二年のアテナイの学風について語る。亡霊は、五〇年以前とはまったく違った新哲学を見つけたろう。どうして、こんな変化が起きたのか。かつての教え子アレクサンドロスの征服がもたらした世界的急変の一局面なのだろうか。東地中海以東のヘレニズム化は非ギリシア的諸民族の間にギリシア文化への興奮を生み出した。とくに、ギリシア哲学にひかれた人々にとっては、アテナイはメッカであった。プラトンやアリストテレスが創設した学派があり、プラトンの「対話篇」のような傑作はアテナイを哲学的啓蒙の故郷とさせた。こうして、ヘレニズム時代には、哲学はアテナイでこれまでになく隆盛となった。新しい哲学の系統は東地中海方面からの人々によって築かれた。

確かに、アレクサンドリアがプトレマイオス朝の厚い庇護《ひご》のもとに、アテナイの学問上のライバル都市として隆盛に向かっていた。だが、哲学がそんな庇護のもとで栄えるはずはない。やはり、アテナイはギリシア世界の哲学中心地であった。しかし、知識人のアレクサンドリアへの転出も見のがせなかった。かつて、アカデメイアもリュケイオンも広い意味での研究センターであった。アカデメイアには当代第一級の数学者がいたし、リュケイオンでは哲学以外のほとんどすべての領域にわたって科学的探究がなされていた。しかし、いまや、そうした探究者たちはアレクサンドリアに新天地を求め、あげく、哲学は専門教科にまで狭められた。プラトンやアリストテレスが体系的哲学を目ざしたかどうかははっきりしない。だが、その後の世界情勢の急変が哲学者の態度を変えさせたことは明らかだ。アレクサンドロスの遠征とそれに続く後継者間の権力闘争はほとんど人間性を無視する世界を生み出した。海には海賊が出没し、陸には山賊・野盗が横行した。しかも、権力者たちはそれを平定するどころか、かえって彼らを利用し野放しにした。ひとたび都市が攻略されると、市民は老若男女を問わず奴隷に売られるのだった。富裕者は身代金によって

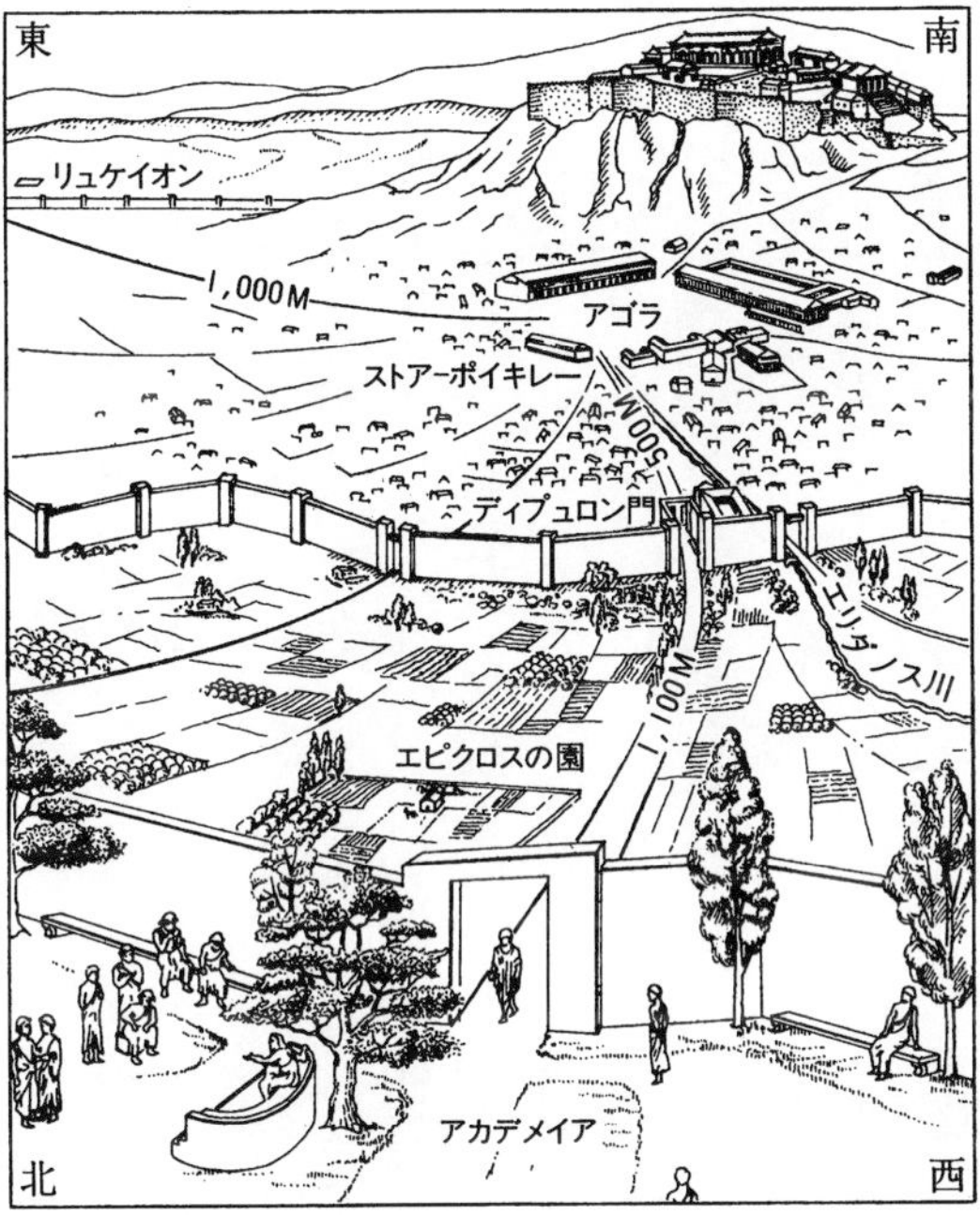

ヘレニズム期のアテナイの諸学派

自由となることはできたが、貧窮者はこの運命を避けることができなかった。このような世界の状況の中では、哲学は、世界の根本構造と世界の中での人間の位置を理解するための統合体系とならねばならなかった。

郷愁をおぼえて、アリストテレスの亡霊はまず市の東の城壁の外のリュケイオンを訪れ、そこで痛烈な感慨をもつだろう。古い仲間で学頭を継いだテオプラストスは一五年前にこの世を去り、それと共に亡霊が創設した百科全書的哲学も終焉《しゅうえん》していた。学派の多くがアレクサンドリアに移り、アリストテレスの蔵書もテオプラストスの相続人によって運び去られ、その専門的な哲学的著作もゆきわたらず論議の的ともなっていない。テオプラストスを継いだ学頭ストラトンは独創的だが狭い専門的自然学者であった。ヘレニズム時代の末年（前三一年）まで、この学派は際立ってはいない。

自分の学派からちょうど一キロメートルの距離にあるアゴラに来たとき、亡霊はここで異様な光景に接する。ここには絵画列柱廊があった。前四五〇年の少し前に建てられたこの列柱廊には、ポリュグノトスを含む当代第一級の芸術家が描いた壁画があった。四面の壁画はどれも戦争場面で、「トロイ城門前のギリシア人」「アテナイ人とアマツォーネ」の英雄時代の場面と、「マラトン」と「オイオネ」の歴史時代の場面とであった。四世紀末にアテナイを訪れた司教は、このパネルがローマ総督によって持ち去られ、柱廊も修復不可能なまでに破壊された、と伝えている。この南向きの柱廊は市民の憩いの遊歩場であった。芸人、乞食、行商人、詩人、哲学者などさまざまな人が訪れるのだった。亡霊はここで、毎日会合し議論し教授している哲学者グループを見た。ストア哲学は当時の支配的な哲学だった。絶大な威望を得ていたので、この学派は学術的な用語の源となった。キティオン出身の創始者ゼノンは若い時にアテナイに来住、ギムナシオン、街路、柱廊で熱心に哲学を学び、この時六四歳である。アテナイの哲学はとりわけて公開的であり、ストアの活動は誰の目にもとまり、深い感銘を与えていたろう。ゼノンのいちばん剛毅《ごうき》な仲間クレアンテスはこの八年あとの前二六四年に第二代学頭となり、神学と宇宙論の領域で貢献することになる。最重要人物のクリュシッポスはまだ八歳で、タルソス南西のソリに住んでいた。前二三二年から前二〇六年までの学頭でストア哲学を発展させることになる。ストアがアゴラとその周辺を独占していたわけではない。アゴラは、アテナイ在住の哲学者たちの心をひきつける場所であった。亡霊はなじみのタイプの人にも珍しいタイプの人にも出会ったろう。その中で、前四世紀中葉以降どこでも出くわすタイプの哲学者は旅回りの犬学派であった。徳の絶対的自足性と、社会規範・快楽・幸運の完全否定を説く学派である。クラテスはゼノンの師であったが、ストアは犬学派の倫理的極限論を修正し、人為的な価値の役割をも認めた。

　郷愁の旅は、ディプュロン門をすぎて北西のアカデメイアを訪れて終わるはずであった。その途中、亡霊は囲われた庭園に気づく。それはエピクロスの財産で、その哲学は内向的で、一切の政治的干渉を退け、学園内の仲間との哲学議論に集中している。当初は、デモクリトスの徒として現れ、東エーゲ海の二か所で学派をたてたが、前三〇六年アテナイに移り学派の司令部をたてた。ここからは柱廊もアカデメイアも近い。

ついにアカデメイアに到着したとき、亡霊はここでもショックを受けたろう。近ごろ学頭となったアルケシラオスはプラトニストと呼ばれていた。だが、その哲学はプラトンの初期対話篇を柱としたものだった。後期対話篇はプラトン死後も読まれており、ゼノンは前四世紀末にポレモンのもとでその解釈を学び、プラトン哲学はストアを通して存続していった。しかし、アカデメイア自体を若返らせたのはアルケシラオスによる初期対話篇の解釈であった。彼のもとでアカデメイアは懐疑派の様相をおび、ヘレニズム時代を通じてストアの各世代はアカデメイアから痛烈な批判を受けている。学頭カルネアデスは前二世紀中葉の哲学領域をほとんど支配し、クリュシッポスに対する最強の批評家であった。しかし、同時に独創的な哲学者であった。アカデメイアの零落《れいらく》は前一世紀以降である。

前二七二年、アテナイでさかえた諸哲学学派を概観した。これら学派の統合は始祖への忠誠によって実現する。だから、学派の哲学の発展は、始祖の哲学の解釈あるいは新しい解釈という形態をとる。以下に、**はしがき**にかかげた順序に従ってヘレニズム時代初期のいちばん重要な二学派、エピクロスとストアの学派について解説していこう。

I　エピクロスの生涯と著作

エピクロスの生涯

円満な家庭と外部との軋轢《あつれき》

エピクロスは前三四一年サモス島に生まれた。この島は前八世紀の大植民運動期以来、ギリシアの最前線基地であった。この島の西側は起伏のはげしい荒れ地であるが、東側は平たんで、一マイルの海水をへだてて大陸岸に対している。対岸には、数世紀にわたって商業・文化の中心都市となったミレトス、乳房数多《あまた》もてるアルテミスの神殿で名高いエペソスがあり、近くには医祖アスクレピオス兄弟の生地コス島がある。サモス島は政治・軍事の面での要衝であっただけに、サモス島民は対外戦争や内部抗争にまきこまれ、平穏な生活を享受できなかった。とくに、アテナイ海上同盟の加盟都市の時期の状況は残酷なものだった。住民は二回にわたり、アテナイの屯田兵《クレールーコイ》のために強制的に住家を明け渡させられた。前三五二年には、二、〇〇〇人のアテナイ人が駐留してきた。エピクロスの父ネオクレスはガルゲトス区所属のアテナイ市民であり、この時期に屯田兵としてサモス島に渡った。彼は屯田兵を志願するほど貧窮市民で、放逐の危険に身をさらしながら、わずかな好機にすがったのである。屯田兵は、市民権は従来通りであっても、民会に出席して投票する機会は失っている。しかも、現地人の怨嗟《えんさ》の声を聞かねばならなかった。

ネオクレスは教師《パイダゴーゴス》となったがこれは文字どおり子供と一緒に暮らす人であり、軽蔑されていた。母カイレストラテは迷信ぶかく、貧乏人の戸口に立って怪しげな御《お》祓《はら》いをする祈禱師であった。少年エピクロスは母について祈禱文を誦したものであった。後年、夢判断や霊媒や迷信は無意味だと記しているが、これは少年時代の苦々しい体験の追想からにじみ出たものだろう。エピクロスは四人の男児の中の次男であった。家庭生活は円満で愛情にあふれ、きちんとしていて幸福だったが、世間からは落ちぶれた教師といかさま女祈禱師の家としか見られていなかった。これには、屯田兵に対する風当たりも含まれていたろう。わけても子供仲間のあいだでは、社会関係の無理解から、むきだしの憎悪感がその子弟に向けられる。エピクロスに

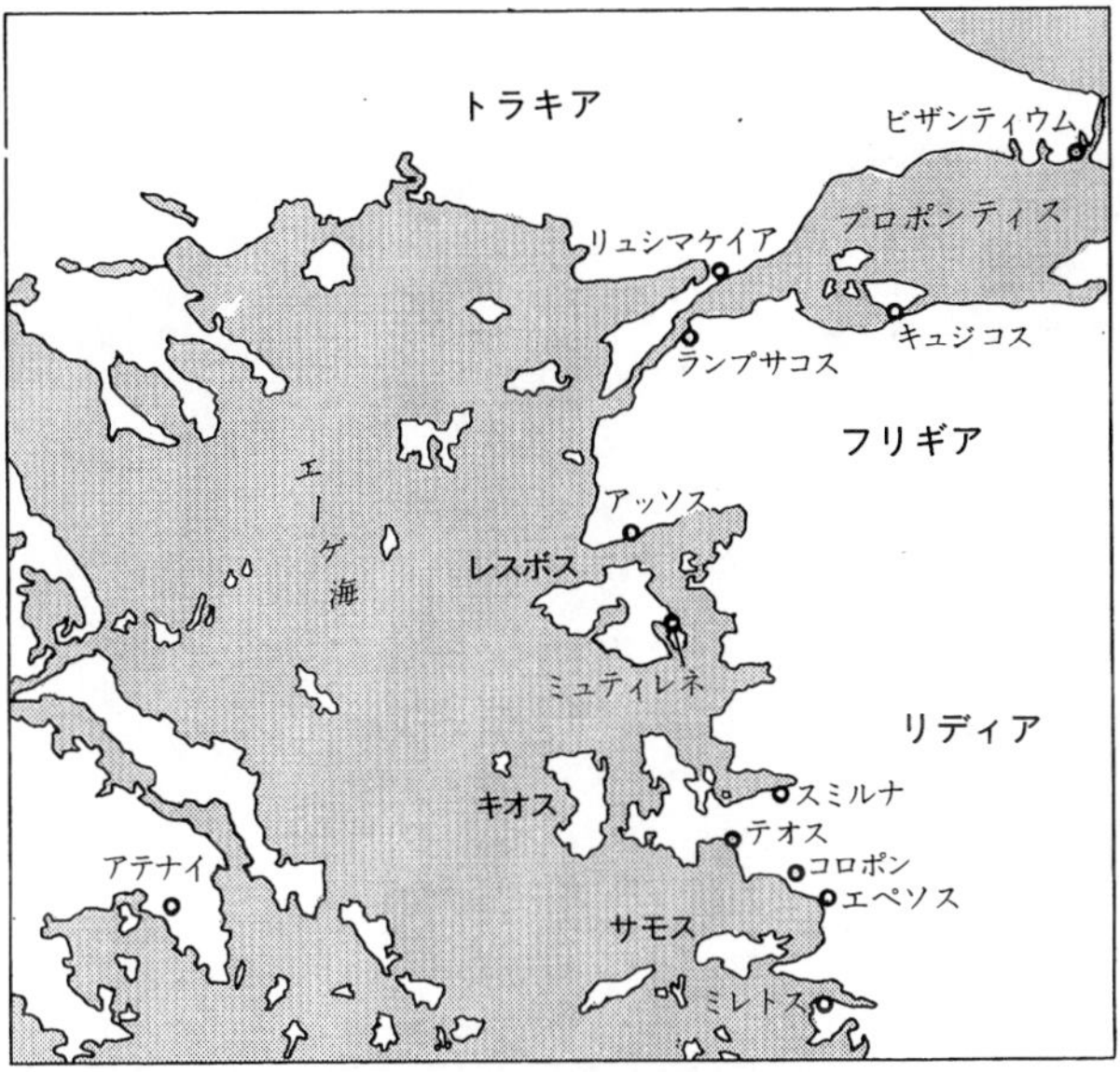

エピクロス関係地図

は、外に向かっては悪口雑言《あっこうぞうごん》をほしいままにし内に向かっては学園員間の友愛を強調する性向が著しいが、この性向は円満な家庭生活と外部からの軋轢《あつれき》とを織りまぜた矛盾する環境の中できざしたのであろう。

哲学研究とアレクサンドロスの死

エピクロスは早くから父に学んだ。そのほかの人にも学び、そんな先生との問答を機縁として哲学に向かった。エピクロスが若かった頃、先生が「最初に混沌《カオス》があった」というヘシオドスの詩句を紹介した。エピクロスがその混沌は何から出来ているのかとたずねると、先生はそれは私の仕事ではなくて哲学者の仕事だと言って答えてくれなかった。するとエピクロスは、哲学者だけが実在の真理を知っているなら、哲学者の許に急がなくてはならない、と言った、という。これが哲学への機縁についての逸話であるが、それには興味ぶかい三点が認められる。第一に、彼の初等教育はホメロスやヘシオドスの叙事詩を教材とした伝統的なものであったことである。第二に、彼の性格は並外れた好奇心と先生の権威を無視する不遜《ふそん》さに満ちていたことである。師恩を認めず独学の士を自任する後年の傾向が少年時代に認められよう。第三に、混沌を問題にしていることである。ヘシオドスの『神統記』では、混沌は宇宙の最初の状態であって、宇宙開闢《かいびゃく》説と関連している。混沌を問題にする態度の中に、宇宙は創造されず永遠に存在するのは原子と空虚だとしたデモクリトスへの傾斜を認めるのは無理だろうか。ある伝記は、エピクロスがこの時期にデモクリトスを読んだと伝え、別の伝記は彼は一二歳で哲学に向かったと伝え、その早熟さを強調している。三二歳で学派を立てたことを考え合わせると、あながち架空の物語として片付けるわけにはいかない。ちなみに、プラトンは四〇歳、アリストテレスは三九歳で開学している。デモクリトスを読んだ感激が先生に質問する態度につながったのかもしれない。とにかく、エピクロスはプラトン主義者のパンピロスの許に走った。場所はサモスで一四歳の時のことだった。つまり、アテナイ出向以前の四年間、彼は当時正統と認められていた哲学を学んだのである。これには父親の教唆があったのだろう。

前三二三年の夏、一八歳のエピクロスはアテナイに到着した。法に従って市民審査《ドキマシア》を受けるためであった。ついで、規定どおりに出身区ガルゲトスの壮丁《エフェーボス》に登録され、二年の軍務に服した。ところで、この年の六月一〇日早朝、アレクサンドロス大王はバビロニアで病没した。大王は大遠征成就のためのカリスマ的存在であったが、統治の面では成功しなかった。晩年には、命令を果たすのに成功しなかった地方知事の首のすげかえを繰り返し、そのために、忠実な王家の仲間《ヘタイロイ》のあいだですら疑心暗鬼が生じた。臨終に集まった仲間が「誰に王国を遺贈するのか」と問うたのに対し、大王は弱々しく「いちばん強い者に」とささやき、「俺の葬儀で行われる大コンテストが目に見える」と言って息をひきとった。この言葉は、不安定な統治につづく後継者間の王権争奪戦の開始を予告している。まさに、ヘレニズム時代の到来である。大王の訃報《ふほう》を契機として、アテナイで

戦いの先頭に立つアレクサンドロス

は、マケドニア総督アンティパトロスに向けての反マケドニア運動が起こり、そのまきぞえとしてアリストテレスもアテナイから追放された。しかし、アテナイの独立の野望はむなしかった。一年もたたないあいだに、アテナイ軍はテッサリアで敗れた。アンティパトロスはアテナイから民主制を追放し、市の支配を富裕な商人層にゆだね、ピレウス港のミニキウムに駐屯軍を置いた。その抑圧政策はサモス島にも及び、アテナイの屯田兵はその地を追われた。エピクロスの父ネオクレスも追われて、小アジアへと移住させられた。エピクロスがアテナイに在住していた時期のことである。

　アテナイ在住のエピクロスは、時代の変化にまつわる多くの悲劇を目撃したはずである。その経験から、彼の哲学の方向はポリスのための哲学から転じて、広くギリシア語を話す人びとのための哲学樹立に向かったのであろう。この時期、彼は哲学研究に専心した。アカデメイアのクセノクラテス、リュケイオンのテオプラストスの講義も聴聞した。後年、この二大哲学学派を非難攻撃するようになったが、この時期においてはその教義を吸収することに専心していたのである。

自学派の形成期

アテナイでの軍務を終えて、前三二一年、エピクロスは家族の住む小アジアの都コロポンやテオスで二〇歳代の一〇年を送った。ついで前三一一年、三〇歳のときレスボス島のミュティレネに住み、兄弟三人を含めて弟子を集め哲学教師となった。だが、ミュティレネでの活動は評判がよくなく、一年後にはランプサコスに移った。そこではじめて自分の学派を開き、多くの弟子を集めて四年間を送った。そして、前三〇六年にアテナイに移った。この前三二一年から前三〇六年までの時期をエピクロスの第二期としておく。この時期はコロポン期・ミュティレネ期・ランプサコス期に分けられる。

三人の師

アテナイから帰ったエピクロスは、両親の住む小アジアの都市（コロポンとテオス）で一〇年をすごした。コロポンはエペソスの北方、ハレス河畔に位置し、海岸に近く繁栄した都市である。詩人ミンネルモスと哲学者クセノファネスの生地で、数あるホメロス誕生地の一つでもある。前四世紀末でも、ここではイオニアの知的生活が享受できたであろう。真偽は定かではないが、この頃エピクロスはロドス島のプラクシパネスに師事した、と伝えられる。この先生はミュティレネ出身でリュケイオンでアリストテレスに学び、逍遥学派の哲学をこの地に運んだ。ホメロスをはじめ詩人たちの著作を研究した文芸批評家であって、名文作成法を教えたという。しかし、エピクロスは、自分はプラクシパネスの弟子ではなく独学の士である、と公言していた。後年のエピクロス学派の人びとも、プラクシパネスは憎たらしく無情な人物だったと酷評している。

テオス在住の原子論者ナウシパネスにも学んだ。テオスはサモス島にもコロポンにも近いが、元来がアブデラの植民市であり、アブデラ再建にはテオス住民も参加している。アブデラはプロタゴラスとデモクリトスの出生地なのだから、テオスに原子論があっても不思議はない。この点では、プラトン主義が栄えたアソス、スケプシス、ミュティレネと異なっていた。ナウシパネスは自然学者であった上に雄弁術にも優れていた。だが、数学（プラトン流に）や生物学（アリストテレス流に）に関心をもっていたかどうかは定かでない。その記録の大部分がエピクロス学派の手を経ているので正確とは言えない。だが、ナウシパネスがデモクリトスの弟子を標榜《ひょうぼう》し、懐疑論者ピュロンの影響下にあったことは事実と考えられる。これは奇異なことではない。デモクリトス自身に懐疑主義的傾向が認められ、ナウシパネスはその傾向を進めたと考えられるからである。彼には『三《ト》脚神壇《リプース》』という著書があるが、これはエピクロスの『規準論《カノニコン》』の下地であったと言われている。ピロデモスの断片中に引用された『三脚神壇』によると、ナウシパネスは、自然学者には雄弁術研究が似つかわしいと言ったらしい。これは、エピクロスが排除した雄弁術を中期エピクロス哲学に導入するために、作為的にエピクロスの師ナウシパネスの名を借用した虚構であろう。興味ある事実は、ナウシパネスが行為の目的として物怖じのなさ《アカタプレークシア》を選んだことで、それはデモクリトスの狼狽《アタムビエー》のなさとエピクロスの乱されなさ《アタラクシア》（平静）の中間に位置している。ナウシパネスは若い頃ピュロンに接し、教義とは別にその冷静沈着な人柄に深く感銘したらしい。エピクロスもナウシパネスにピュロンの話をせがんだようで、エピクロスの心の平静はそこから生まれたのである。

ナウシパネスとエピクロスの師弟関係がどれだけ続いたかは不明である。とにかく、長期にわたり、そのあげく感情的なしこりが生じた。この不和の結果、エピクロスは先生を軟体動物、無学な奴、ぺてん師、売春婦などと口ぎたなく呼び、奴には自由意志、決定論、哲学の使命について独創的教義を立てる能力がないと断じた。ナウシパネスは、ピュロンの人柄にはうたれたが、知識は不可能だとする懐疑論にはついていけなかった。そうでなかったら、知識の規準に関する著作『三脚神壇』を発表するはずがない。その三脚が何であったかは不明である。エピクロスの『規準論』はその盗用だとも言われているが、信用はできない。売春婦という綽名《あだな》は、一方で徳を教えながら他方で酒ばかり飲んでいる生活態度に由来している。エピクロスは、自然学者のように必然《アナンケー》を信じる人、詩人のように運命を信じる人、テオプラストスのように幸運を信じる人、そういう人たちを奴隷と呼んだ。ナウシパネスにとっては、エピクロスが癪《しやく》の種であったことであろう。

これまでに、エピクロスが師事した三人の哲学者をあげた。それらの哲学者はそれぞれプラトン主義者、アリストテレス主義者、原子論者であった。この学習過程の中で、エピクロスは当時の哲学の諸派を遍歴した。けれども、その師弟関係はどれも破局に終わった。ナウシパネスにはいちばん世話になったのに、その先生にすら罵言《ばげん》をあびせる。このエピクロスの態度は、世間から白眼視され、家族の絆《きずな》を頼りにひっそりと生きてきた環境から生まれたものかもしれない。ともかく、彼はコロポンで父の教師稼業を手伝いながら、研究に没頭し新哲学の樹立を目ざした。その方向は、自然学を重視するイオニア哲学と、倫理学を重視するアテナイ哲学との総合を目指していた。この仕事は、イオニア生まれのアテナイ市民であるエピクロスにふさわしいものであった。この研究過程の中で、彼は諸先生の影響をまったく無視し、独学の士を自称するほど自信を高めてきたのである。

独学の士

はたして本当に、エピクロスは独学の士だったろうか。後世の批評家の多くは、このエピクロスの自称を額面どおりにうけとっていない。その点を明らかにするためには、彼の『規準論』『自然学』『倫理学』の内容を検討してみる必要がある。詳論はのちにゆずるとして、それを概観しておくことがエピクロスの生涯を知るのに有益だろう。

ナウシパネスは『三脚神壇』の中で、観察・歴史的証拠・類比に基づく推論を真理規準の三脚とした。エピクロスの『規準論』は感覚《アイステーシス》・先取観念《プロレープシス》・感情《パトス》を規準にあげる。ナウシパネスは自然学者兼雄弁術家であった。エピクロスは自然学者兼倫理学者であった。両者のこの相違が三規準を何にするかの点で、相違を生んだのだろう。歴史的証拠や類比に基づく推論は雄弁術にふさわしい。それに対し、快苦として発現する感情は善悪の観念へと移行するものであって、倫理学を重視する方向を示している。両者の立場の相違は明らかである。

自然学の領域では、エピクロスはデモクリトスの自然学を攻撃した。だが、その攻撃は後世の悪評をかい、キケロは、「エピクロスの自然学の中にはデモクリトスに由来しないものは皆無であり、エピクロスの改良はむしろ改悪でしかない」と言っている。現在においてもこの評価は妥当だとされている。どうしてこんな改悪をしたのか、という疑問が当然に生じてくる。その疑問は、エピクロスが自然学者にとどまらず、道徳改革者、新道徳の実践家であった点を考察すれば、おのずから解けるであろう。実践家の立場に立てば、知識論上の懐疑論を容認することはできない。実践には信念が不可欠であり、信念なくしては人間の幸福も完全とはならないからだ。だから、エピクロスは独断論者となり、知識は可能であるどころか行為や幸福に重要な関係があると説いた。そのあげく、デモクリトスやピュロンの懐疑主義的傾向を攻撃することになった。デモクリトスの自然学に対する第二攻撃は自然学的決定論に向けられた。デモクリトス説では、宇宙における最初で唯一の原因は原子の運動であって、その原子の運動には斜傾はない。だから、機械的決定論が主張されることになった。のちに詳述するが、エピクロスは自然学の領域では原子の斜傾運動を認めたのであろう。ただし、随意的行為を説明するためにこの運動を導入したという説には賛同しがたい。

エピクロスには倫理学優先の立場が認められるが、その倫理学はアカデメイアやリュケイオンでのものとは異質なものであった。プラトンはアテナイの名家出身で若い頃から枢要な政治的地位を占めるものと期待されていた。アリストテレスはアレクサンドロスの師傅《しふ》で、アテナイ総督アンティパトロスの友人であり、リュケイオン設立には多額の援助を受けたらしい。この二人に対して、エピクロスは小島生まれの市民で、たえず母国の保護を求め、そのための貢租を支払い、そのうえしばしば略奪の浮目にも会う人びとの中のひとりである。アテナイの将官たちは実際には彼らの犠牲によって富を獲得したのだが、彼らには侮蔑の目しか向けなかった。したがって、彼らの心中にはアテナイ将官への敵意も醸成されており、アテナイ将官といえども海外の植民市では安全ではなかった。そのうえ、アレクサンドロスの後継をめぐる覇権争奪戦の渦中にあっては、彼らの安住地も脅かされていた。こういう境遇のエピクロスがポリスを前提として立てられた倫理学に背を向けるようになったのは当然であろう。彼の新倫理学はその礎石として快楽主義を打ち出すことになった。『規準論』の中には、標識として感情《パトス》があげられていた。人間は自分の本性に適合したものに快を感じ、不適合なものに苦しみを感じるようにできている。快を追求し苦しみを避けるのは人間にとって当然のことである。この快と苦しみが善と悪の判断規準となる。「一切の善の初めであり根であるのは、胃袋の快である。そして知的な善も趣味的な善も、これに帰せられる。」[1] この文句に見られる快楽主義はエピクロスの豚の悪評を買うことになった。けれども、エピクロスの快楽主義はこんな豚の快楽にとどまるものではなかった。進んで、快について考察し、分類しなおし、基本的な快と装飾的な快とを区別した。そして、思慮をもち健康であることにともなう快こそ持続的で基本的な快だとし、その他の快は余計なものだとして、快こそ自然から命じられた目的であると結んだ。つまり、基本的な快を追及する人生こそ自然と合一した生活であるというのである。とはいえ、自然そのものが目的論的性格をもつとは考えていない。

以上の諸要点の略述は、独学の過程の中で生じてきたエピクロス哲学の方向を示唆するためのものである。思想編で詳論することを約束して、エピクロスの生涯についてさらに述べていこう。

論敵を求めて

コロポン在住一〇年ののち、前三一一年エピクロスはレスボス島のミュティレネに移った。当時、レスボス島はコロポンと同様にアンティゴノス一世の支配下にあった。これに対して、アテナイは、カッサンドロスに助けられたパレルロンのデメトリオスの支配下にあった。有力なパトロンをもたなかったエピクロスは戦線を突破してアテナイに移ることができなかった。その代わりにミュティレネを選んだ。この都市ではプラトンの理想国論が好評であり、アリストテレスもその恩恵に浴して前三四六年からの二年間この地で教育に当たっている。ミュティレネはいわば当時の正統的哲学の中心地だったのである。エピクロスは自分の哲学の試練のために論敵を求めてミュティレネに来住して哲学を講じはじめた。その講義場所は、ソフィストの前例にならって、体操場《ギムナシオン》であった。

さて、論戦の中心問題は快をめぐるものであった。キケロはエピクロスの『目的について』を訳出した。その中に「私は賢者と噂された人物に『無意味で冗漫な言葉をならべたてずに、善いものから目や舌やその他の感覚によって感じられる快を差し引いたら、何が残るのか教えてくれ』と懇請したが、解答はまったく得られなかった」[2]という文句がある。この文句の背景となっている舞台はミュティレネである。以前に在住したテオスやコロポンには哲学者が少なく、こんな公開質問ができるはずがないし、以後に在住するランプサコスやアテナイではエピクロスは学園に引きこもってしまっている。ミュティレネでの論敵はプラトン主義者であった。正統派を自任する尊大な哲学者に向かった三〇歳のエピクロスの舌鋒《ぜっぽう》は鋭く、たたみかけての質問をしたのだろう。あげく、「もし、プラトン主義者が徳や知に関する愚劣な想念から脱却しさえしたら、私の快の獲得方法と同じものを目ざすことになろう」と決めつけた。そして、プラトン主義者の主張するイデア論や目的合理的な正義の観念を嘲笑したのである。

たたみかけての質問は論敵を感情的に刺激するが、そのうえ、エピクロスには辛辣《しんらつ》な表現で相手をちくりと刺す癖があった。当時、ホメロスの叙事詩は道徳の教科書とされ、とくに逍遙学派はこれを特別扱いにし、アリストテレスも少年アレクサンドロスに叙事詩を暗誦させていた。エピクロスは『オデュッセイア』の中に「歓喜《エウプロシュネー》が国中にみなぎり、宴席に連なる者が詩人に聞き惚《ほ》れているとき、食卓はパンや肉でいっぱいで給仕が混酒瓶《びん》から美酒を酌《く》んではカップに注いでいるとき、そんなときよりももっと完全に近い極点《テロス》はほかにない、と言おう」という文句を見つけて、叙事詩も自分の快楽主義を肯定していると主張した。また、詩句中の歓《エウプロシュネー》喜は明らかに世俗的な喜悦のことであって、プラトン主義者の主張するような絶対的真理についての純粋智にともなう喜びではない、と断じた。『イーリアス』の中の「このように、神々はいじましい人間どもに運命を割り当てられたのだ、生きながら悩むようにと。だが、神々御自身はいささかの煩《わずら》いもお持ちにならない」という詩句も利用された。この詩句によって、不朽《ふきゅう》で至福な神々には心配も悩みもなく人間のことにも無関心で怒りも喜びも感じないという自説を正当化した。この神学は、神を目的の最終原理とするプラトン・アリストテレスの神学と対立するものである。こうした論争の進め方はきっと論敵の憤激を招いたであろう。

この憤激にもまして、論敵を怒らせたのはエピクロスの直接的な攻撃であった。「祝福をうけている君よ、帆を掲げてあらゆる教養《パイディア》を避けてゆきたまえ。」[3] この文句の中の教養とはプラトンが『国家』の中で記載した教科課程（――幾何学、雄弁術、弁証論、天文学、音楽――）のことで、支配者教育にとって必須教科とされていた。この文句は直接にプラトン主義者を攻撃している。とくに、雄弁術無用論は打撃を与え、敵側からの改宗者を生んだほどだった。プラトン主義者の側でも黙ってはいなかった。現在ではアカデミックという語は実践に関係せずに象牙の塔にこもるという意味をもっているが、当時のアカデメイアは実践と深くかかわり、そのある者は僭主《せんしゅ》となり、またある者はキュジコスやランプサコスで革命を企てている。彼らは暴力を行使してでも無法の世界に君臨しようとしたのである。したがって、エピクロスに対する報復攻撃も迅速かつ苛烈《かれつ》であった。彼らは自分らが支持するアンティゴノス一世に対し、ミュティレネにとっての異邦人エピクロスはアンティゴノス一世の支配に破壊的影響を及ぼすと告げた。しかも他方で、民衆を扇動してギムナシオン管理長に圧力をかけさせ、講義ができないようにした。エピクロスには追放もしくは告訴の処分が待っていた。そこで彼は脱出の道をえらび、航海に不向きな冬季に嵐の中を海にのまれそうになりながら、ランプサコスにたどり着いた。ミュティレネでの他流試合は一年もたたないうちに終わってしまった。「しばらくのあいだ他の人々といっしょに哲学を研究し、ついで、彼の名で呼ばれる学派をたて、独自な説を述べた」[4] の中のついでというのはミュティレネ脱出以後の時期であり、エピクロスの哲学の転換期を示唆している。

哲学の転換期

ミュティレネ脱出は前三一〇年の晩冬のことであった。彼は以後の四年をランプサコスですごした。この地を選定した理由はいろいろに考えられる。プラトン主義者エバイオンのこの地での僭主企図は失敗したし、同じくティモラオスは近隣のキュジコスでの革命企図に失敗している。この地方にはプラトン主義の影響が及んでいなかったのだろう。キュジコスには数学者エウドクソスを継いだ学派があったが、それもプラトン・アリストテレスとは無縁であった。海峡をこえた対岸の都市ヘラクレアのヘラクレイデスの学派も攻撃的ではなかった。ランプサコスは前五世紀にアテナイを追放された自然哲学者アナクサゴラスを受けいれた実績をもち、寛容の気風がある点で評判だった。こういう条件にめぐまれて、エピクロスはこの地で第一級の哲学者と認められるようになった。アテナイを選ばなかった理由も推察できる。アンティゴノス一世の制裁を免れるためだけだったら、アテナイを選んでもよかったろう。だが、論敵を避けるのには、アテナイは不向きであった。アテナイでは、逍遙学派がパレルロンのデメトリオスの庇護《ひご》を受け、学頭テオプラストスの下で隆盛に向かっていた。ミュティレネでの失敗をくり返さないために、アテナイを避けたのである。四年後にはアテナイに移るが、その時期にはパレルロンのデメトリオスは追放されていた。

リュシマコス

ところで、当時、ランプサコスはリュシマコスの宮廷所在地であった。アレクサンドロスの帝国の分割の中で、リュシマコスはトラキアを得たが、そこには首都にふさわしい都市がなかった。トラキアは地理的にヘレスポントスと深い関係があるので、リュシマコスはケルソネソス半島に新都市リュシマケイアの建設を企図し、完成までの暫定首都としてランプサコスを選定した。物資調達、軍隊移送に便利だったからである。リュシマコスは隣国のアンティゴノス一世を敵視し、エジプトのプトレマイオス一世と親交し同盟を結んでいた。エピクロスはこうした事情に精通していてランプサコスに移ったのである。

　さて、エピクロスが嘆願者としてランプサコスに着いたとき、リュシマコスは留守であった。エピクロスの処置はシリア人の有能な執事ミトレスにまかせられ、保護の保障を得た。この一件は、エピクロスはバルバロイに媚《こ》びたという非難の根拠となった。彼はミトレスに「パイアン-アナクス」と呼びかけたと言われる。この語は「栄えあれ」という軽い意味にも、アポロンへの呼びかけの語として「王にして救い主」の意味にも用いられる。あとの意味に解すれば、エピクロスはミトレスを神と崇《あが》めて呼びかけたことになる。媚びたという非難はこの解釈に基づいている。エピクロスの「煩《わずら》いを受けないように人々から自分を守るためには、およそこの目的を達成するてだてとなりうるものはすべて、自然的な善である」[5]という文句は、この非難に対する弁明であろう。

　やがて、ミトレスはリュシマコスの寵を失った。ミトレスとの関係が障害となって、エピクロスは宮廷お抱えの哲学者にはなれなかったが、宮廷関係者の間で自説を講じられるようになった。そんな折、エジプトから使節テオドロスがやって来た。テオドロスはキュレネ学派に属し、横柄で気ままな快楽主義者であった。かつて、プトレマイオス一世の宮廷で、テバイからの使節の妻にやりこめられた仕返しに、彼女の男装をはがして女性であることを暴露した、と言われる。彼の野卑な性格がうかがわれる。リュシマコスに対する態度も横柄で、ミトレスの悪口を言ったのもテオドロスだったと言われる。エピクロスとの出会いは明らかではない。のちには、自説を盗んだとしてエピクロスを告発し、エピクロス－サークル内の不倫をとりあげてなじっている。テオドロスがエピクロスの敵にまわったのは確かである。おそらく、両者間には快楽をめぐっての激しい論争があったろう。それがこたえて、エピクロスは、エジプトからの来訪者は会員にするなと戒めた、と伝えられる。

エピクロスは、リュシマコスの宮廷を通じて、プトレマイオス一世に自説を伝えたようだ。プトレマイオス一世は悲惨な窮乏状態に陥り、エジプトの貧弱な小屋で粗末なパンで飢えをしのいだことがあった。のちに、あのパンよりおいしいものはなかったと回想した。この内容はまさにエピクロスの新快楽主義であって、それは飢えないこと渇かないことを原点とし、贅沢《ぜいたく》な飲食物は快の質を変えても量を増大させない、と主張する。プトレマイオス一世の回想はこの新快楽主義を連想させる。それはキュレネ学派の快楽主義とは違ったものである。二流の快楽主義はともにアリストテレスの二種類の快楽（——静的快楽と動的快楽——）を認めるが、キュレネ学派は動的快楽つまり肉体的な快楽だけを認める。これに対し、エピクロスの新快楽主義は、静的快楽が動的快楽よりも優れた至上の快楽としている。だから、自説

プトレマイオス１世

剽窃《ひょうせつ》の科《とが》でエピクロスを告発したテオドロスの態度は根拠のないものだったろう。

エピクロス－サークル

身の安全を保障されて、エピクロスは、自説を広めるために、信奉者からなるサークルを作った。それにはこんな人たちが加わった。まず、ランプサコスの最上層市民イドメネウスとレオンテウス（その妻テミスタと共に）が執事ミトレスの紹介で参加した。イドメネウスはリュシマコスに仕えた高官で多額の収入があり、サークルを財政的に援助した。レオンテウスは第二の財政的援助者であり、妻テミスタは文筆家であった。彼女とエピクロスの間の文通が知られるに及んで、スキャンダルが噂された。ミュティレネで雄弁家ヘルマルコスを引きいれたように、ランプサコスでもエウドクソス派の数学者ポリュアイノスを引きいれた。彼はキュジコス生まれの女友達を連れてきた。これがまたスキャンダルの種となり、「エピクロスはポリュアイノスとともにキュジコス出身の娼婦と交わり子をなした」という評判をたてられた。ポリュアイノスは優しい人物で、メトロドロスやヘルマルコスに次ぐ第三の重要メンバーとなり準導師《カテーゲモン》の称号をもっていた。第一の重要メンバーはメトロドロスで第二のエピクロスとして尊敬された。彼の妹がイドメネウス夫人である点から推察して、ランプサコスの名門であろう。

アテナイへ

エピクロスは前三〇六年の航海の季節（四月から一〇月）にランプサコスを去って、一部の弟子と共にアテナイに向かい、ディプュロン門のはずれに居を定めた。この年、彼は三五歳に達し、その教義は最終形態をととのえ、民衆、論敵、支配者に対する態度も確立されてきた。ギムナシオン管理長によって講義を妨害された過去の経験が身にこたえたのか、学園の中でだけ講義した。アテナイの情勢も変化していた。逍遙学派の庇護者パレルロンのデメトリオスは、アンティゴノス一世の子デメトリオスによって追放された。この混乱期にソポクレスなる人物が評議会や民会を動かし、すべての哲学者の処罰を求める法律を票決した。そのために、テオプラストスはアテナイを退去しなければならなかった。この法律は翌年には改正されてテオプラストスも召喚されている。だが、これはアテナイ市民の逍遙学派に対する敵意を立証している。他方、アカデメイアも前述した政治的策謀が禍《わざわい》となって、昔日の人気を失った。敵対してきた二学派の凋《ちょう》落《らく》によって、エピクロスはアテナイに安住できた。ソポクレス法の存廃も、公共建造物を講義場所としなかったエピクロスには関係がなかった。こうして、エピクロスは自説をギリシア世界に広める最適の文化都市に住まい、学派の組織を固めた。その組織の諸点を次に記そう。

エピクロス学派の財産と位階制

学園は住宅と講義場所とからなっており、その点ではアカデメイアやリュケイオンと似ている。違っている点は、両方ともがエピクロス名義で登記されていることであった。二つの場所は隣接してはおらず、病弱なエピクロスは三輪つきの椅子で往来した。住宅は市壁の内部、庭園はディプュロン門からアカデメイアに至る道に面していた。住宅には親類縁者、友人、客人、奴隷など多くの人が住んだ。「エピクロスはこの一軒の家になんと大勢の人を集めたものだ」という評判がたつほどだった。プライバシーの確保などは意に介されなかった。奴隷は筆写の仕事を担当しており、出版が重視されていた。学園の購入費用は八〇ムナであって、ゴルギアスの一回の講義料にも及ばない。きっと、小さなものだったろう。

学派を活気づけるために、位階をもった指導体制がとられた。学頭エピクロスの称号は導師《ヘゲモン》であって、教師《パイダゴーゴス》ではない。「教師の子」と馬鹿にされた苦い思い出から先生の称号を避けたと考えられようが、むしろ、少年のつけ人という原義が強制を柱とする教育方法を連想させるのでそれを嫌ったのであろう。彼は万人の努力目標である最高善を明らかにし、それに至る正しい道を指示しようとした。これは説得による教育であって、段階に応じた指導者が不可欠であった。位階制はそこから生じてきた。導師の次は準導師《カテーゲモン》で、メトロドロス、ヘルマルコス、ポリュアイノスの三人が任ぜられた。彼らは、導師が道を明らかにしたあとで、指導にあたった。メトロドロスは、先達がいないと研究を進めていけないが、先達には忠実についていく人物だった。ヘルマルコスは、強制されないと正しい哲学の道を進めないので、導師以上に論敵からの刺激を必要とする人物で、第二代の学頭となった。数学者ポリュアイノスの参加はエピクロスを大いに感激させたが、能力の点での評価はほかの準導師よりも低かった。しかし、親切な人柄で独特の指導をしたと言われている。導師と準導師の称号に並行して賢者と哲学者という用語も用いられ、エピクロスだけが賢者と呼ばれた。

準導師の次には助導師があって、エピクロスの三人兄弟ネオクレス、カイレデモス、アリストブロスもその中に含まれる。兄弟なのだから、それ以下の位階につけることができなかったのだろう。

生徒の中には未成年者もいた。どの生徒も「私は喜んでエピクロスにしたがおう。彼にしたがうことが私の生きるよすがである」という誓約書を出して入学するのだった。生徒は学級に分けられ、助導師が学級担任となった。準導師は研究生の個人指導に当たった。

職員と研究生

他面で、学園は出版局であったので、秘書や筆写の仕事をする多数の字の読める奴隷をかかえていた。その管理はミュスという名の有能な奴隷にまかされていた。エピクロス死去の際に、自由を与えられて哲学者となった人物である。

学園生活の特徴は多数の女性がまじっていたことである。男尊女卑の風潮が支配的であった世界にあって、世評をものともせず入園する女性となれば、高級娼婦《しょうふ》しかなかったろう。美女レオンティオンはメトロドロスの妻であるが、彼女が入園して起居を共にすることになったときには、世

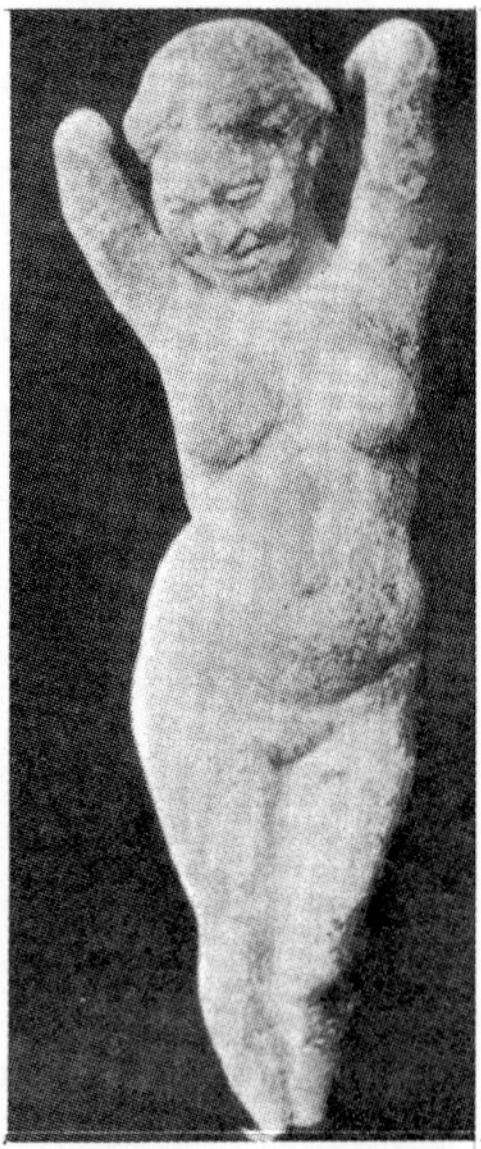

ギリシアの娼婦像

間の非難を浴びることになった。彼女は当時きっての娼婦で、その肖像画には「冥想」という題がついていたと言われる。その娘ダナエは、アンティオコス二世の宮廷で愛人のために生命を投げ出したほど勇猛な女性であった。そのほかに悪口の種とされた女性にはマンマリオン、ヘディア、エロティオン、ニキディオン、ボイディオンがいる。女奴隷もいて、パイドリオンがその管理をした。彼女はエピクロスの嘱託を受けて、奴隷解放に努力した。

研究生には年齢制限はなく、老若を問わず健康と幸福な生活への指導を求める者は誰でも受けいれられ、準導師や助導師の許《もと》に学級に編成された。学園の設立目的が真の哲学の普及にあったので、公開されていたのも同然であった。研究課程には最終講義までのものと中途のものまでとがあった。

エピクロスと起居を共にする成人はいわば特別研究生で、庭園での講義にも出席した。その中のひとりコロテスはランプサコスで特別研究生となり、エピクロスの名調子に賛嘆し、その前に身を投げてエピクロスを神と崇《あが》めた、と伝えられる。庭園の一部では初等教育も行われ、その生徒は初級者と呼ばれた。講義は朝から夕方までびっしりとつまっており、大声をあげて他人の聴講を邪魔しないかぎり叱《しか》られることはなかった。

エピクロスへの尊敬

前述のコロテスは、ギリシア哲学者を風刺し、ソクラテスをいちばんの賢者と告げたデルポイの神託を嘲笑した。プラトン主義者はその仕返しに、エピクロスに捧《ささ》げる学園員の賛辞をこきおろした。それほどエピクロスへの賛辞は評判だったのである。お追従も盛んで、レオンテウスやメトロドロスは、自分の子には父や祖父の名前をつけるという一般の慣習をやぶって、息子に導師の名前をつけた。こういう個人的心情に由来する尊敬とは別に、学派の組織の上でもエピクロスは特別扱いを受け、賢者の称号を独占し、父として扱われた。学派が創始者の教義を軸に形成されていたことがわかる。

エピクロスの肖像画や彫刻像も弟子たちの敬愛の対象であった。ある弟子は「私はいまも生きているが、エピクロスは忘れようとしても忘れられない。彼の肖像画もコップも指輪もあるのだから」と語ってはばからなかった。二世紀のオリゲネスはエピクロス学派を評して、まるで偶像崇拝だ、と言った。どの学派も学派をまとめる手段として創始者の肖像を利用したが、エピクロス学派ではとくに肖像が教義と結びつけて扱われたようである。

友愛とエピクロスの死

ほかの学派と同様に、エピクロス学派も哲学の任務を規定して生きることへの導きとした。エピクロスはこれを実践的にとらえ、人間の魂の病を癒《いや》すことができなかったら、哲学はなんの役にもたたないと公言し、行為と無関係な知識には我慢できず、プラトンの弁証論は余計なものだと断じた。「天空の現象からでさえ魂の平和以外の目的は認められていないことを知れ」。緊急なのは知識自体ではなくて人間の幸福なのだ。身体の病を癒す医術のように、哲学は魂の病を癒す。どちらにせよ、治癒活動は人間愛から発している。エピクロスは人間愛に友愛《ピリア》の語を当てて「友愛は、祝福のある生活の頌《たた》えに目覚めよと、われわれのすべてに告げながら、人の住む全土を踊りまわっている」[6]と言った。友愛はキリスト教の愛のように全人類をつつんでいる。プラトンの愛のように男性だけを対象にしたり、ピタゴラスの信条でのように貴族だけを対象にしたりしているものとは違う。とはいえ、この友愛には二種類があって、一方は各地の大勢の友に対する友愛であり、他方はエピクロスと起居を共にする同学者に対する友愛であった。エピクロスが強調した友愛が後者であったことは言うまでもない。

同学者の間での友愛の観念は、快楽についてのエピクロス教義と密接不離である。エピクロスは、自然は快楽に量的限界を与えた、と言う。たとえば飲食についての快楽に自然が与えた量的限界とは飢渇《きかつ》の充足ということである。贅沢な食事をしても快楽は量的限界を越えて増大せず、限界内で快楽の質を変化させるだけである。この考えに基づけば、飢渇が充足されれば身体的な快楽はみたされることになる。こうして、エピクロス宅での生活は当然に質素なものとなった。全員の一日の食費は一ムナにすぎず、時に一合半ほどの酒を飲むことがあっても、普通は水だけであり、たまに副食物がつくことがあっても、普通はパンだけであった。「チーズを小壺に入れて送ってくれたまえ、したいと思えば豪遊することもできようから」[7]という手紙からも質素ぶりがうかがわれる。贅沢は身体の快楽になんの寄与もしないとして、原則的に禁止されていた。「パンと水とで暮らしておれば、わたしは身体上の快楽に満ち満ちていられる。」[7]

身体上の快の充足は友愛から生じる快を得るための予備条件である。友人は飲食物と同様に生活必需品であるが、友人同士となるためには一定の標準に達していなくてはならない。相互の利益のためにというレベルでの友人関係は長続きしない。「友情もまた、助力の必要を原因として生じるものであるが、ひとはまずもって自分から助力を与えねばならない、あたかも収穫を得るためには、われわれはまずもって大地に種子を蒔《ま》くように。ところで、友情は、快でみたされている人と人との生活の共同によってこそ、保持されるのである。」[8] つまり、自然が与えた身体的快の量的限界で生きている人びとこそ、友愛から生じる快を享受することができる、というのである。

上記のように、友愛に特別な哲学的意味が与えられた結果、エピクロス宅での共同生活は寝食を共にするだけにとどまらず、一種神秘的で宗教的な雰囲気《ふんいき》をただよわせていた。霊魂の不死も神の摂理も否定した学派であったが、エピクロスは宗教的行事がもつ道徳的影響については敏感であった。父母兄弟およびサークルの人びとのために祭りが慣習的に催された。エピクロスの誕生日のメーリオーン月（現在の一月中旬から二月中旬まで）一〇日も毎年祝われた。また、エピクロス生前には、個人の誕生祝いや故人の祭りが毎月二〇日に行われ、故人のために敬虔《けいけん》な追悼文が披露された。これらの慣行は、同学者が享受した友愛は不滅であるという確信を助長させるのであった。

アテナイに移って三六年、前二七〇年にエピクロスは七〇歳の生涯を閉じた。膀胱結石で二週間苦しみながら、イドメネウスに手紙を書いた。「生涯のこの祝福された日に、そして同時にその終わりとなる日に、わたしは君にこの手紙を書く。尿道や腹の病はやはり重くて、激しさの度を減じないが、それにもかかわらず、君とこれまでかわした対話の思い出で、霊魂の喜びに満ちている」と。そして、友たちには、「わが友たちよ、さらばお達者に、わが教えを記憶せよ」と懇願しながら逝去した。その遺志によって、住宅と庭園は、同学者の利用とエピクロスの祭りの施設として、ヘルマルコスとその後継者に贈られた。その温情は故メトロドロスの子女にも及び、ヘルマルコスにその保護を懇願している。エピクロスのこういう処置は弟子たちに深い感銘を与えたことであろう。

エピクロスの著作

ディオゲネス＝ラエルティオスによると、エピクロスは著書の量ではすべての人を越えており、巻物の数は三〇〇にも達している。この点で匹敵できるのはストアのクリュシッポスだけである。しかも、クリュシッポスには他人からの引用が目立っているのに、エピクロスにはそれがなく全部が彼自身の言葉であった。このように著書が多くなったのは、学園での教育に不可欠なテキストを準備しなければならなかったからである。そうした教義用のテキストのほかに、学園の成員たちがほかの教義に汚染されないように駁論《ばくろん》集が作られ、それには高弟たちが分業して作業を進めた。また、学園の友愛のために故人を賛美する追悼文が作られて、祭の日に読まれた。ディオゲネス＝ラエルティオスはそれらの著書の題名を羅列《られつ》しているが、それらは残っていない。題名だけを頼りに、その著書を分類するとすれば、次のようになろう。

教義用テキスト

エピクロス哲学は規準論・自然学・倫理学の三部からなる。

1　規準論　規準とは建築に用いる規矩《きく》のことである。規準論とは真理の規準に関する理論であり、こんにちの知識論に相当する。これに属する著書は『標識または規準について』、『表象について』、『見ることについて』、『触覚について』である。この学派の慣習によって、規準論は自然学と分けないでいっしょに置かれたが、これが真理標識と根本原則を扱う原理的部分である。

2　自然学　これには『自然について』三七巻、『ピュトクレス宛の手紙』、『映像について』、『原子と空虚について』、高弟メトロドロスによる『転化について』が属する。このうち『自然について』は自然学の大摘要であって、ルクレティウスの『物の本質について』の典拠とされている。この大摘要に対し、小摘要と呼ばれるものが『ヘロドトス宛の手紙』であって、ディオゲネス＝ラエルティオスによって保存された。『ピュトクレス宛の手紙』も同様に保存され、その内容は天界・気象界の事象を扱っている。

3　倫理学　エピクロス哲学の基本目標は道徳理論の樹立にあったので、これに属する著書も多かったろう。ディオゲネス＝ラエルティオスが残している『メノイケウス宛の手紙』は『哲学への《プロトレプ》勧め《ティコス》』であって、知恵の愛求が美しく生きるために不可欠であると語る。これに続くものがヴァチカンの写本と推察され、エピクロスの書簡その他からの抜粋とメトロドロスの断片を含んでいる。八一の断片の中の二〇は『主要教説』と同じである。『選択と忌避について』、『生活目的について』、『生活について』の中では、動的な快だけを認めるキュレネ学派に対して、霊魂と肉体の両面について静的と動的の両種の快を認め、精神の平静《アタラクシア》と肉体の無苦《アポニア》が幸福な生活の目的である、と論じたのだろう。『神々について』、『敬虔について』では、神にまつわる誤った観念（――神は人間の事象に介入してくるという観念――）を排除し、祈禱や浄祓《じょうばつ》が無意味であると説くかたわら、正しい神の観念を敬虔な心で受けいれるべきことを題材としたのだろう。『運命について』も、一部の人（ストア派であろう）が万物の女王として導き入れた運命を嘲笑すべきことを教えたろう。『正しい行為について』、『正義その他の徳について』は社会生活の規範である法の理念を論じたものだろう。ポリス保全を目的とする目的合理的な法のあり方を捨て、『主要教説』三一で見られるような契約として正義をとらえる考え方を示したろう。『生活について』四巻には先にも触れたが、この著書の大きさから推察して、この著書は人間のあらゆる生活について語ったであろう。第一巻では、知者は国事にかかわらず僭主のふるまいをしないと述べる。第二巻では、知者は犬学派のような生き方をせず物乞《ご》いをしないと述べる。この知者の生活以外にも、マケドニア王位後継戦に加わった将軍たちの生活についても語ったろう。『賜物と感謝について』は将軍と家臣との関係のあり方をにおわせている。高弟メトロドロスによる『富について』、『知恵への道について』、『矜持《きょうじ》について』と、才媛テミスタの『栄光について』とは、倫理学に関するものであろう。

駁《ばく》論《ろん》集

学園成員がほかの教説にまどわされないように、他学派の駁論が展開された。この部門では弟子たちもその得意の領域を分担した。『メガラ学派を駁す』は、論争に勝つことばかりを目ざすメガラ学徒、とくにスティルポン（――エピクロスに敵意をもっていた――）を論駁した。『エウリュロコス、――メトロドロスに宛てて』は、ピュロンの懐疑派に属するエウリュロコスを駁して、感覚と感情とが規準として役立つことを論じたろう。『ミュティレネの哲学者たちへの手紙』は、ミュティレネで勢力をもっていたプラトン主義者を駁したものである。メトロドロスの『弁証家を駁す』、ヘルマルコスの『プラトンを駁す』も同様のものであろう。エピクロスの『原子における角について』は、プラトン『ティマイオス』に見られる二種の三角形を原子とする思想を批判したものだろう。『テオプラストスを駁す』はエピクロスと妓女レオンティオンの二人によって同じ題名をもって書かれ、ヘルマルコスの『アリストテレスを駁す』と共に、逍遙学派を批判したものだ。『摘要自然学者論駁』は、自然学者が倫理学を無視している点を批判した。メトロドロスの『デモクリトスを駁す』は師にならって、決定論を駁した。ヘルマルコスの『エンペドクレス』書簡体二二巻は、その大きさから推察して、ヘルマルコスがいちばん力を注いだものであろう。

頌《しょう》辞《じ》集　学園は友愛を中心に結ばれた。霊魂の不死を信じない学園では、成員が死ぬと、それに頌《しょう》辞《じ》が捧《ささ》げられ、学園成員の記憶の中にとどめおかれた。これは不死の別の形態であるとも言えよう。これらの頌辞集は学園の友愛を長く保持するためにも有効であったろう。『カイレデモス』、『アリストブロス』、『ネオクレス――テミスタに宛てて』はいずれもエピクロスが自分の三人の兄弟の死に際し、その生涯をほめたたえた頌辞である。エピクロスがいちばん愛した弟子メトロドロスはエピクロスの死よりも七年前に五三歳で没した。エピクロスは彼のために『メトロドロス』五巻を捧げた。『ヘゲシアナクス』も若い弟子のための頌辞である。他方、メトロドロスは『富貴な生まれについて』を書いた。これは、教師と女祈禱師の子という卑賤なエピクロスの生まれを擁護したものであろう。

以上、著作の題名だけから推察できる事項を述べた。実際には、その内容がまったく伝わっていないものや、ほんの二、三の断片しか残っていないものであるので、確実なことはわからない。このほかに、ディオゲネス＝ラエルティオスが伝える著書名が一〇以上あるが、その内容を推察することもできない。

現在、エピクロスの資料としていちばん信頼できるものは、ディオゲネス＝ラエルティオスが『哲学者列伝』の中のエピクロスの項で伝える三書翰《しょかん》（――『ヘロドトス宛の手紙』、『ピュトクレス宛の手紙』、『メノイケウス宛の手紙』――）、『主要教説』である。このうち、『ピュトクレス宛の手紙』はエピクロスの真作かどうかが疑問視されている。が、現在では、およそエピクロスその人の言葉が書き残されているものと信じられている。このほかに、一八八八年にヴァチカンの写本（一四世紀のもの）の中から発見された断片がある。そのほか、キケロその他によって、エピクロスの言葉として残っているものがある。だが、引用そのものは別として、エピクロスとキケロとでは哲学的関心のあり方が違っているので、その資料的価値はディオゲネス＝ラエルティオスのそれにも劣ると考えられる。いちばん問題なのはルクレティウスの場合である。先述したように、彼の『物の本質について』はエピクロスの『大摘要』を典拠にして書かれたが、哲学的関心のありかたの相違を考慮すると、はたしてどれだけ忠実にエピクロス説を再説したかという点に疑問が残る。とにかく簡単に、ルクレティウスの著書がエピクロス説の再述だと決めてかかるわけにはいかない。

こんにち、いちばん関心が集まっているのは『ヘラクラネウム－パピリ』である。だが、その解読と解釈はいまだ決定的とは言えない。

Ⅱ　エピクロスの思想

エピクロス

エピクロス哲学の基本目標は道徳理論の樹立にあった。アレクサンドロスが開いたヘレニズム世界では、人間はかつてのポリス的動物としてではなく、個人として考えなおされ、個人の生活指導が哲学に求められた。だから、エピクロスの道は、科学の教師や抽象的思弁によってイオニア哲学を継ぐ理論体系を目ざす道ではなかった。彼は、哲学とは言語と推理を用いて幸福な生活の確保を目ざす実践活動である、と規定し、精神の平静と肉体の無苦を説く説教者の立場に立った。とはいえ、人間の生活が神々の気まぐれな介入と死後の霊魂に降りかかる懲罰の恐怖とによって脅かされている状況にてらして考えれば、この二大脅迫要因から人間を解放するために自然界の本質と法則に関する知識も不可欠となる。エピクロスも、自然学の探究は苦痛をともなわないので純粋な快楽であると信じ、弟子たちにその探究を勧めている。しかし、その探究も道徳理想につながるものであった。彼が**俗人の教師**を目ざしていたからには、その道徳理想は万人にとって実現可能なものでなければならなかった。ひいて、それとつながる自然学も通常人の常識に基づくものでなければならなかった。この基本的態度から、彼は哲学に無縁な予備的教養（——文学、修辞学、数学、天文学など——）は無価値だとし、論理学に対しても不信を表明した。論理学は、精神を現実世界からそらして実りの少ない抽象に導く学問である、と考えたからである。この主張は、当時主流と考えられていたプラトンやアリストテレスの哲学に対する反対を表している。

論理学拒否の点は非難を招くことになった。あげく、エピクロスは三段推理が三命題から成っていることも**合接**($p \wedge q$)や**離接**($p \vee q$)についても知らなかった、と酷評されることになった。ありていに言えば、エピクロス哲学では、精神作用も原子の運動にほかならないのだから、物質的実在から離れて成立する思考はあり得なかったのだろう。ここに、原子の衝突による真理標識が浮かびあがり、独自の知識論が展開されることになった。

前述のエピクロスの生涯と著書から推察されるように、エピクロスの思想は三部に分けられる。以下に、規準論、自然学、倫理学の順序にその内容を述べていこう。

規準論（知識論）

エピクロスの規準

エピクロスには『標識《クリテーリオン》または規準論《カノーン》について』という著書があったが、こんにち残っていない。これに関する資料はディオゲネス＝ラエルティオスが『ヘロドトス宛の手紙』の前に付加した序章である。これに『主要教説』二三～二四をあわせてその内容を見ていこう。

「さて、エピクロスは『規準論』のなかで、感覚と先取観念および感情（tas aisthêseis kai prolêpseis kai ta pathê）が真理の標識である、と言っているが、エピクロスの徒は、精神の表象作成的接触（tas phantastikas epibolas tês dianoias）をもこれに加えている」[9]とラエルティオスは伝える。右の文からすると、エピクロスは感覚、先取観念、感情を真理標識とし、エピクロス学徒はこれに第四のものを付加した、という印象が生じてくる。だが、ここに一つの問題がある。というのは、先取観念の前には定冠詞がなく、およびの次の感情の前には定冠詞がつけられているということだ。つまり、感覚と先取観念とは一つの定冠詞（――引用文の tas ――）のもとにまとめられ、それと感情が並べられるという構文になっている。すると、エピクロスは三規準ではなくて、感覚と感情の二規準をたてたことになる。実際に、エピクロスは感覚と感情に訴えるべきことを再三言明している。こうした状況と学徒が付加した第四のものとを検討し、エピクロスが実際に規準としたものが何であるかを明らかにしよう。

先取観念

先取観念とはプロレープシス（prolêpsis）の訳語である。この訳語を採用した理由は、以下の中で明らかとなろう。

エピクロスは、「多くの人々が神について主張するところは、先取観念ではなくて、偽りの想定であって……」[10]と言う。この文章では、先取観念と偽りの想定が対比されており、先取観念が観念内容であることとその観念内容が真であることが示されている。さらに、先取観念という語を含んでいる文章を見よう。「だが、法を制定しても社会の利益にならなくなれば、その法はもはや正しさの本性をもたない。また、正の領域で有益なものが変わっても、しばらくのあいだわれわれの先取観念に適合しているならば、そのあいだは正である。少なくとも空虚な言葉で自分を混乱させずに事実に目をそそいでいる人々にとっては」[11]、さらに、「周囲の事情が変わらないのに、正と認められているものが事実との関係でわれわれの先取観念に適合しないことが明らかになった場合には、そのような正なるものは正ではない。これまで正と認められていたのと同じものが事情が変わって有益でなくなれば、かつて市民の社会にとって有益であったときは正であったのだが、有益でなくなったのちのときにはもはや正ではない」[12]という文章がある。適合するとか適合しないとかの用語は、先取観念が観念内容であることを示している。pro ―― という接頭語は**先に**という意味で、個々の事例が正しいか否かを考察する以前に、われわれは正しいものについての観念内容をもっているという思想を示している。先取観念という訳語を採用した所以《ゆえん》である。

先取観念に関するほかの記述を見てみよう。「そこで、まず第一に、ヘロドトスよ、われわれは語の根底にあるものを捉《とら》えるべきである。というのは、それを参考にして判断・吟味・問題を判定しうるためにであり、そして、無限にさかのぼる論証にわれわれをまきこんですべてが判定不可能にならないように、また、われわれが空虚な語を用いないように。おのおのの語については、最初に心に浮かぶものが考察されなければならないのであり、もしわれわれが吟味・問題・判断が帰着されるものをもっているならば、それに論証を加える必要はなくなるからである。」[13]この文章は、感覚の重要性を訴える文章の直前におかれている。この文章中の語の根底にあるものとか語について最初に心に浮かぶものとかは先取観念を指している。

ラエルティオスは、「かれらが先取観念というのは、いわば概念的な把握《カタレープシス》、正しい判断、思考内容《エンノイア》、われわれの内部に蓄えられた普遍的観念といったもののことであり、言いかえれば、外界からしばしばわれわれに現れたものについての記憶にほかならない」[14]と解説する。この文章は、ストアの用語を含んでおり、誤解を招く。この文章に続けて、「そこで、各名辞の根底に最初にあるものは明白である。さらにまた、探究しているものを前もって知っていなかったら、それを探究したりしないはずである」[14]と言う。それにしても、文中の根底にあるもの《トーヒポテタグメノン》とは、人が名辞につける意味のことか、それとも名辞が指示する事物のことか、これがはっきりしない。

右の記述が個人の言語学習に関係していることは明らかだ。それを基礎にして考えると、こうなる。幼児は感覚によって**人**とか**馬**とかの心像《イメージ》を獲得する。その心像がしばしば現れると、その心像は**記憶像**として蓄えられる。この記憶像は、主観的な表象作用から切り離してとらえられた表象内容であって、観念と呼ばれる。この観念を言語的に表現すると、名辞《オノマ》が生まれる。あげく、言語を学習した幼児は、あらたに事物に接したとき、「あれは馬だ」と言うようになる。このように、感覚が新奇の報告を提供すると、われわれはそれに前もって獲得されていた観念をあてはめる。だから、その観念は先取観念と呼ばれる。実際に、探究対象についての先取観念をもっていなかったら、その対象を探究することもできない。たとえば、「あれは牛か、それとも馬か」とたずねるとしよう。そんな質問ができるためには、牛や馬の形態を先取観念によって前もって知っていなくてはならない。名辞の根底にあるものとは、この先取観念のことなのである。

ところで、先取観念と**感覚**との関係はどうなっているのか。さきの引用文中の「無限にさかのぼる論証にまきこまれないように」とはどういうことなのか。およそ、学習は既にもっている知識から出発する。論証は、既知の前提を想定している。根本前提がなかったら、前提を求めて無限にさかのぼることになり、論証も成立しない。その根本前提は、感官的知覚によって得られるに違いない。動物はすべて感官的知覚をもつが、その中の若干がその知覚内容を保持し、さらに人間だけがこの保持された知覚内容をいっそう組織的な仕方で用いる能力をもっている。エピクロスの出発点はこの感官的知覚であった。われわれはこの知覚に語をあてることを学習し、その語がとり出されて語られるときには、その語が指示しているものについての先取観念をもつのである。しかし、われわれには、この語の用法を忘れて、語に独自の生命を与え、あげく、空虚な語を用いるようになる危険な傾向がある。われわれは、先取観念に一致するような仕方で語を用いなくてはならない。そうでなかったら、語はまとはずれになり、制御できないものとなろう。ここには、形而上学に反対する実証主義的傾向を思わせるものが認められる。

右のように考えると、先取観念は先天的もしくは生得的な観念ではない。もしそうだとしたら、先取観念は感官的知覚と無関係となり、感覚や感情とならんで第三の標識として登録されたであろう。先取観念が感官的知覚の派生物もしくは沈澱物であることは明白である。新奇の感官的知覚と比較して、貯蔵された感官的心像を先取観念と呼んで、その機能を論じたのである。結論はこうだ。この先取観念を独自の標識とする必要はない。感覚の派生物として感覚の中に含めるのが至当である、と。感覚と先取観念とが一つの定冠詞のもとにまとめられていることもうなずけよう。

精神による把握

把握というのは epibolai の訳語である。この語は、動詞 epiballo（注意を向けるの意）から派生した名詞として**傾注作用**もしくは**直覚的把握**と訳されてきた。その訳語には、受動的な感覚と対照して、精神の**能動的側面**を強調しようという意図が含まれている。碩学《せきがく》ベイリーが打ち出したこの解釈は、こんにちでは否定されている。だが、そうなるまでに五〇年もかかった。こんにちでは、この語を**表象作成的接触**（image‐making contact）とか**把握**（apprehension）とか訳すのが普通である。ラエルティオスは、**精神による把握**を標識に算入したのはエピクロスの徒であるとしているが、同じ用語はエピクロスの次の文章の中でも用いられている。「われわれが精神もしくは感覚によって接触的に把握する表象は、形状のであれ特性のであれ、すべて固体の形状であって、それは映像の相継ぐ反復もしくは映像の残存のゆえに生じる。だが、偽や誤りは判断《ドクサ》による付加によって生じる。…(中略)…というのは、もしわれわれが把握しているこれらの事物〔映像〕が存在しないとしたら、一方の画の中で見る幻像や睡眠中の夢や精神その他の標識によるほかの把握の中でおきる幻像と、もう一方の実在し真と呼ばれている事物との間の類似性は成立しなくなってしまうだろうから。しかし、もしわれわれが自身のうちの表象の把握と結びついていながらそれとは違う第二の運動をもっていなかったら、誤りは生じないだろう。この運動から、経験によって確証されないか逆証されるかのどちらかであれば誤りが生じ、経験によって**確証**されるか逆証されないかのどちらかであれば真が生じる。そこで、明らかな観察から引き出された標識が破壊されないように、誤りが同じように確立されて一切をごたまぜにしないように、判断をきっちりと抑制しなければならない。」[15] まず、この文章を解説しよう。

右の文章の前半部分の意味はこうだ。実在する外界の事物は、われわれの感官に映像の相継ぐ流れを送ることによって、われわれの精神にその像を押捺《おうなつ》する。だから、把握された表象は、形状についてのであれ特性についてのであれ、実在する外界の事物の形状である、と。ところが、**神**のごときものは**微細な映像**を送ってくるので、その映像は**精神**を構成する微細な原子によってだけ知覚される。けれども、この場合の精神による知覚も感官的知覚と同様に**受動的**であることには変わりはない。それどころか、「もし君が何か単一の感覚を拒否して、経験によって肯定されると期待されるものについての判断と、感覚・感情・精神のどれかの表象的知覚の中に現在しているものとを区別しないならば、君はその他の感覚をもみな根拠のない臆見によって混乱させ、したがって真理の標識を全く拒否することになるであろう」[16] と言う。精神による知覚も感官的知覚を根拠にして確証される、と言っているのである。

文章の後半部分は、幻像と実在の区別を示そうとしている。それについての重要な参考資料は、精神を動かすものについて語るルクレティウスの内容である。[17] その大要はこうだ。外界の事物の映像は多量で、色々な具合に、四方八方あらゆる方向に飛び回っている。これはきわめて希薄なものであって、空中において相互に出会えば容易に結合し合う。ケンタウロス（半人半馬）の映像は実在する外界の生物から生じるのではない。ただ、馬の映像と人間の映像が偶然に出会った場合、その薄い性質と希薄な組織のゆえに、両方の映像がたちまちに結合し、精神を一撃するあげく、そういう幻像が生じるのである。さきの文章の中の画の中で見る幻像とはこのケンタウロスのような幻像のことである。ルクレティウスは続いて睡眠中の夢について語る。眠りが肉体全身に広がっているとき、精神は目覚めているのは何故かについての説明は、この映像が目覚めている時と同様にわれわれの精神を衝《つ》くためで、その結果、死者の夢を見るのである。その場合には、感覚が全身にわたって静止し、真実でもって虚構を反駁《はんばく》できなくなっている、と。ルクレティウスの叙述の順序はエピクロスの幻像の順序を踏襲したものだろう。エピクロスの文章の中の「精神その他の標識によるほかの把握」という語は、前半部分の「精神もしくは感覚による接触的把握」以外の把握という意味であって、これは前記の幻像以外の幻像に言及したものであろう。こうしてみると、把握(epibolai)の目録の中には、覚醒時の視覚像と睡眠中の幻像の両方が含まれていることになる。幻像だって実在と類似しているのだから、幻像もまた実在する映像によって生じていよう。だが、その映像は実在物そのものからの映像ではなく、偶然に空中で結合した映像なのである。その幻像が実在物からの映像によって生じると判断するとき、つまりケンタウロスが実在する生物であると判断するとき、誤りが生じてくる。エピクロスはこう言っているのである。

右のように考えると、**判断**が重要なものであることがわかる。判断はわれわれの内の第二の運動、であると言われているのだから、判断は霊魂を構成する原子の運動だ、ということになる。つまり、判断は外から訪れてくる映像によって完全に支配された運動なのではない。さらに、判断は、表象の把握と結びついてはいるがそれと違う、と言われている。表象の把握は外からの映像の流入によって受動的に生じる。だが、判断は、外的原因によって完全に支配された結果ではない。幻像であれ視覚像であれ、受けとった表象には誤りはない。これについて、判断を下すときに誤りは生じる。その誤りを是正する道は、感官的知覚によって検証することだ。エピクロスは、こう言っているのである。

このように見てくるとき、epibolai（把握）という語が精神の**能動的側面**を表すものでないことは明らかであろう。それは、感覚と同様に**受動的**なのである。そこで、結論はこうなる。**精神による把握**は**感覚の変種**と考えてよい、と。さきに、先取観念は感覚の派生物と論定した。両方をあわせて考えると、エピクロスが標識としたものは**感覚**と**感情**の二つだけである、ということになる。

すべての感覚は真

ここで**標識**というのは kritērion の訳語である。原語は、審判官・裁判官を意味する kritēs の派生語であって、判定のための手段・試金石を意味し、本来は法廷用語である。法廷でいちばん重視されるのは目撃者の証言である。だから、標識という訳語を、真偽を証言するものという意味で用いることにする。これに対して、**規準**という語を

canôn の訳語として用いる。この語は本来建築用語であって、曲直を計測する定規の意味である。両語のもつこの基本的意味は、エピクロスの標識（感覚と感情）を論じる場合、いつも心に留めておかなくてはならない。

さて、エピクロスは、感覚《アイステーシス》が真理の標識である、と言う。ごく一般的に、知覚や感覚は成立している事がらと成立していない事がら、ひいて、どの立言が真でどの立言が偽なのかを決める際に重要な役割を果たす、と考えられている。しかし、事情はそんなに簡単ではない。第一に、エピクロスでは、感覚とその同族語は知覚とその同族語よりも広く用いられ幻像も感覚に含められているし、第二に、すべての感覚は真であるというテーゼの意味を明確にするという課題があるからである。後代の人は、エピクロスを解釈して、すべての感覚内容《アイステータ》は真であるという中心テーゼから感覚は常に真であるというテーゼを導き出している。けれども、両テーゼの間の正確な論理的関係を明らかにしていない。厳密に言えば、感覚内容は表象《ファンタシア》の一種、つまり感覚器官を通して得られる表象のことである。ところが、後代の人の報告では、すべての感覚内容は真であるというテーゼとすべての感覚は真であるというテーゼとは等値だとされ、両テーゼは絡み合ったままになっている。エピクロスのテキスト中には「感覚の明らかな証拠に基づいている標識を拒否しないように」[18]という文句がある。この文句は明らかに、感覚が真理の標識であることを示している。

いったい、感覚が真理の標識であるというテーゼからすべての感覚は真であるというテーゼが導き出されるのだろうか。この問いは奇妙に響くかもしれない。誰だって、真理の標識はそれ自体が真でなければならない、と思うだろう。だが、この仮説は誤りである。たしかに、曲直を判定する場合には三角定規（直）を当てて調べる。だが、このことがすべての場合にあてはまるわけではない。味覚は甘さと辛さの標識だが、味覚自体は甘くも辛くもない。視覚は赤と緑の標識だが、視覚自体は赤でも緑でもない。真と偽を区別する場合でもそうだ。見ることによってある事がらが真だと知ったとしよう。だからと言って、見ることが真だということにはならない。そんな発言は無意味である。してみれば、「感覚は真理の標識なのだから、感覚は真である」という推論をエピクロスに押しつけるのは誤りである。すべての感覚は真であるというテーゼは感覚の特殊性に基づいて立てられたテーゼでなければならない。

法廷では係争事件の真実をつきとめるのに、目撃者の証言がいちばん頼りになる。そのように、感覚は真と偽とを判定する証拠として用いられる。妥当な判決が得られるためには目撃者の証言が真でなければならない。そのように、世界の知識に到達するためには感覚の証言も真でなければならない。感覚には目撃者の役割が与えられている。だから、「もし君がいっさいの感覚と争うならば、君は、君が偽であると主張するところの感覚を何に帰着させて偽であると決定するのか、その規準すらもたないことになろう」[19]と言われる。すべての感覚は真であるというテーゼは感覚に証人の役割を認めたことを示している。しかし、法廷との類比論はここで終わる。法廷では、証人が虚偽を申し立てたり記憶違いをしたりする。感覚についてはこういうことは許されない。というのは、推理による知識も究極的には感覚の証言に訴えて正当化されるので、世界についての知識が可能なためには感覚は真でなければならないからである。もし、その証言の一部を忌避するとすれば、別の証言に訴えなくてはなるまい。しかし、どの証言を優先させるかについての決め手はない。世界の知識を否定する懐疑論に反対する独断論の立場に立てば、無差別に感覚の証言を真として受容する道しかない。

一見したところ、すべての感覚は真であるというテーゼは、ロックやバークリの経験論的テーゼ（——われわれは感覚内容を無謬《むびゅう》的に熟知している——）と同じようにみえる。経験論者はそのテーゼを基礎にしていささか怪しげな推論を用いて外界についての知識や確信に向かう。だが、経験論者のテーゼは、明らかに、感覚内容（あるいは感覚与件）が真であることを保証してはいない。これに対して、証人としての感覚に求められているものは、証言そのものだけではなく、その証言が真であることもなのである。だから、エピクロスのテーゼと経験論者のテーゼとを同一視することはできない。エピクロスのテーゼはさらに検討を要する。

真《アレテー》の二つの意味

これまで、エピクロスのテーゼを「すべての感覚は真である」というように表現してきた。だが、文中の真（アレテー）という語は、文脈によっては真というよりは実在の意味にも解釈されうる。エピクロスは、確信と対照して「感覚は理を欠く《アロゴス》」とも言っている。理を欠くものが真や偽であると言うのは矛盾ではないか。真や偽は、話や話されたことにあてはまる語なのだから。この難点に気づくと、アレテーを真と解するよりは、実在と解するほうがよさそうにみえる。この解釈は資料によっても裏づけられる。ラエルティオスは、すべての観念《エピノイア》は、実際の接触、比較、類似、総合によって、感覚から生じると述べたあとで、「狂人の表象《ファンタスマタ》も、夢にみる表象も真《アレテー》である。なぜならば、それらは運動を起こすが、存在しないものは運動を起こさないからである」[20]と述べる。この文章の意味はこうだ。実在するものだけが運動を起こす。夢や狂人の表象は、それを抱いている人物にある行動を起こさせる。だから、夢や狂人の表象も実在する事物なのだ、と。この文章は、「いずれの感覚も理を欠き《アロゴス》、どのような記憶も受けいれない。というのは、いずれの感覚も自分自身で動くことはないし、他の事物によって動かされるときにもその事物に何かを付加したり除去したりしないからである」という文章と同一の文脈中におかれている。[20]そこで、すべての感覚は実在であるというテーゼとすべての感覚は理を欠くというテーゼとを総合して考えたくなる。そこからは、次のような説明が生じてこよう。

感覚の本質は印象の受容なのだから、感覚することは現実の事件であり、その本質は有機体が自然からの刺激の型を受容することである。刺激の受容という完全に自然的な事件である点で、感覚は理を欠いている。感覚は、ちょうど封蝋《ふうろう》が印章の捺痕《なつこん》を再生産するように、付加も除去もせずに外部的刺激を再生産するだけなのだ。真や偽は、刺激の自然的過程についてわれわれが下す判断に帰属する。このように説明すると、感覚が実在《アレテー》で理を欠く《アロゴス》という記述がうまく説明できるように思われる。

だが、右の説明には欠陥がある。感覚が完全に自然的事件であるならば、感覚は何も語らないだろう。何も語らない証人は、証人とは言えない。感覚に割りあてられた証人の役割は事物の実在性を示すことに限られることになる。さらに、もう一つの難点がある。実在とか非実在とかの語は存在物もしくは事態を特徴づける用語である。だから、ここで語られる感覚とは、感覚作用《アイステーシス》ではなくて、感覚内容《アイステータ》ということになる。たしかに、エピクロスは両語を互換的に用いている。だが、感覚は実在であると主張したと解釈すると、報告されるものは感覚内容のことで、それを報告するものは感覚以外のものすなわち判断ということになる。既に述べたように、判断は標識とされていなかった。それに対し、感覚は標識とされていた。その点からすると、感覚が報告する役をするのでなければならない。

感覚は何を報告するのか。それは、感覚を生起させる自然からの刺激である。感覚が証人となるためには、感覚の提供する報告が完全に正確に自然的刺激を表象していなければならない。感覚は理を欠くので、提供されてくる刺激の型について判断を下す能力をもたず、刺激を実際にあるがままに表象するだけである。このことが感覚の報告の正確さを保証する。だから、感覚は常に真である、と言われるのである。つまり、感覚は真であるというテーゼは、感覚を刺激するものは自然的事物すなわち映像《エイドーロン》であること、および、その刺激する事物は感覚の中で実際にあるがままに正確に表象されること、この二面を含んでいるのである。

以上によって、エピクロスのテーゼは、われわれは感覚与件を無謬的に熟知しているという経験論的公理、および、すべての感覚は自然的事件（感官の刺激）として実在であるというテーゼと同じではないことが明らかだろう。そのテーゼは、感覚の各事例の本質は実在する事物（――これは感覚の中で実際にあるとおりに表象される――）による感官の刺激である、という意味なのである。

感覚とカメラとの類比

時代錯誤的であるが、カメラを引合いにしてエピクロスの思想を述べると、こうなる。感覚は感覚が見ているものを解釈したり、自身を記憶しているものと比較したりすることはできない。カメラのように、感覚の前にあるものを記録するだけなのでうそがつけない、と。だが、刺激に直面したときのこの受動性こそ感覚に証拠価値を与えるものだ。殺人事件の証拠として、殺人場面の写真ほど動かしがたいものはない。感覚は感覚が見ているものを誤って伝え得ない点で理を欠く《アロゴス》。しかし、感覚は、カメラのように、感覚の見ているものを示してわれわれに語りかける。だから、感覚は最高の証拠価値をもっているのである。

ところで、写真が証拠となりうるのは、カメラの作動の仕方を知っているからである。どういう過程を経て写真ができるかを知っているから、さかのぼって写真を生み出した実在が推理できるのである。同様に、感覚を生起させる自然的過程についてのエピクロス説を受容したときはじめて、感覚を信頼できる証人として処置することができるのである。知覚の本質は、自然的事物から流出してくる原子の薄い膜《フィルム》（映像）による感官への自然的衝突であり、意識の中での薄い膜の受動的な写し出しである。もし、このエピクロス説を容認しなかったら、感覚は理を欠くという言葉を感覚は誤ることがないという意味にとる理由もなくなってしまう。どうして感覚は感覚が受けとる自然的刺激を加工処理してはいけないのか。もし感覚が加工処理をするとすれば、知覚上の相対主義（――同じ酒が健康人には甘く病人には苦く感じられるというごとき――）を説明するのに便利だろう。人によって事物が違って現れるのだから、違った与件をもつからだ、と答えられるからである。しかし、これは与件を、自然的刺激としてではなく、感覚内容として解釈することだ。エピクロスの「感覚は感覚を生起させる自然的刺激を正確に表象する」という主張の中では、与件は自然的刺激と解釈しなくてはなるまい。そう解釈しなかったら、エピクロスのテーゼを経験論的公理に後退させてしまうことになろう。

映像は実際にあるがままに正確に知覚の中で表象される。このテーゼがいちばんあてはまるのは幾何学的特性に関してである。映像は原子から成っている分子的構造物であり、原子の第一次性質は形状、大きさ、重さ、および形状に必然的に付随するもの（ある種の運動をする傾向）である。

その分子的構造物は客観的な大きさと形状をもち、知覚の中で正確もしくは不正確に再生産される。だが、その分子的構造物は、第二次性質（色・味・匂いなど）をもたない原子から成っているので、色のない広がりのように個別的には知覚されえない。感官を刺激するのには相継ぐ映像の衝突が必要だった所以である。

そこで、各人の感覚は真であるというテーゼのもとで、同じ酒が健康人には甘く病人には苦く感じられるという事実をどのように説明したらよいのか。その唯一の手段は、実際の甘さとは自然的構造S（――滑らかな原子から成る構造――）と結合して現れてくる特性であると認証することである。そのとき、甘さの知覚は真であるというテーゼは、何かが知覚者に甘い味がするときにはその知覚者はいつも構造Sをもつ映像によって刺激されているのだというように、実体を用いて説明されることになる。第二次性質は、第一次性質（原子の丸い形状）を用いて作られた構造によって説明されるのである。

「感覚以上に信頼できるものはない」

感覚のテーゼは、上記の自然学的理論を支持しているわけではなく、むしろ逆に、二様の仕方でそれを想定している。第一に、第一次性質（形状・大きさ・重さ）の知覚の場合には、知覚は真であるというテーゼは、知覚の中で映像が正確に受けとられているという理論によって説明される。第二に、第二次性質(色・味・匂いなど）の知覚の場合には、特定の自然的構造Sをもつ映像が衝突してくるという理論が必要である。だが、感覚のテーゼと自然学的理論を含む全体の理論が展開されるのに先んじて、まず、感覚は真であるというテーゼが立てられなければならなかった。そのいきさつを述べよう。

エピクロスは、懐疑論に反対する知識論的考察の中で、感覚のテーゼを支える支柱を得た。「もし君が何か単一の感覚を拒否して、経験によって肯定されると期待されるものに関する判断と、感覚・感情・精神のどれかの表象的知覚の中に現在しているものとを区別しないならば、君は、その他の感覚をもみな根拠のない臆見《おっけん》によって混乱させ、したがって、真理の標識を全く拒否することになるであろう。」[21]彼は、懐疑論が受けいれられない理由を述べてはいない。が、おそらく、彼はこう考えたのだろう。懐疑論自体が真偽の概念的区別を求めているのだ。その区別は何が真で何が偽かを告げる能力を想定しており、その能力はまた真偽を告げるための手段すなわち標識を想定しているのだ、と。ルクレティウスは言う。「もし、かりに、そういうような人〔懐疑論者〕がこのこと〔自分は何も知らないということ〕を知っているのだと認めてやるとしても、私は彼に次のことをたずねよう。彼は事物の中に真なるものは何も見られないとしたのだから、どうして彼は知ることと知らないこととがどういうことかを知るのだろうか。真なるものと偽なるものについての彼の観念を生んだのは何なのか。疑わしいものと確実なるものとの区別を何が証明するのか、と。真なるものについての君の観念は何よりもまず感覚によって生じていること、感覚は論破され得ないことがわかるだろう。」[22]

上記の考察を押し進めると、理性自身は知覚から生じて感覚に依拠するのだから、理性は知覚の証拠を退ける根拠をもちえないことになる。「ところで、感覚以上に大きな信頼性をもつものは、ほかに何もないではないか。あるいはまた、理性は感覚から生まれたものである以上、理性が誤った感覚から生まれて感覚にうち勝ちうるであろうか。感覚にして真でないとしたならば、理性もまたことごとく偽なるものとなろう。」[23]「思考も感覚を反駁することはできない。なぜなら、いかなる思考ももともと感覚に依存するのだから。」[23] このように、エピクロスは、懐疑論批判を進める中で、自然学的理論を前提せずに、自分の知識論を確立していったのである。そして、その**基盤**は、「感覚は真である」というテーゼとなったのである。

快楽と苦痛

感覚とならべて感情が標識とされた。感情とは快楽と苦痛のことで、それによって選択と忌避とが決定されるのである。感覚を標識としたのだから、感覚にいつも付随する感情を標識としたのも無理はない。もっとも、この場合、真理とはかくかくの事物は追求されるべきである（――もしくは、忌避されるべきである――）という**確信**の真理のことである。これだけを見ていると、酒が快いときには、酒は選択されるべきものだとする確信は真である、という意味に解される。だが、事がらはそんなに簡単ではない。エピクロスは、すべての快楽は追求されるべきものであるとも、すべての苦痛は忌避されるべきであるとも言ってはいない。全体的に見て苦痛が支配するようになる快楽は忌避されるべきであるし、全体的に見て快楽が支配するようになる苦痛は追求されるべきである、と言う。[23] ここで彼は、**善**の観念と**選択に値するもの**という観念をはっきり区別している。快楽はわれわれの本性に親近なるが故に善であるが、すべての快楽が選択に値するものではない。選択に値するという性質が直接に知覚できる経験的性質でないことは明らかだ。むしろ、われわれは経験を、経験から生じがちな結果を考慮しながら、判断しているのである。これに反して、善さは直接に知覚できる経験的性質である、と考えられている。

快楽と苦痛とは何についての真理標識なのか。これは善いという確信とこれは選択に値するとする確信、この中のどちらの確信についての真理標識なのか。それとも両方の確信についての真理標識なのか。両方の確信についての真理標識だとしたら、それぞれの確信について異なって作用するのか。さらに、この飲み物は快いというような個別的な確信と、快楽は善であるとか快楽は選択に値するというような普遍的確信とはどうなるのか。こうした問題が浮上してくる。これらの問題を念頭に置きながら、最終的な解答を目ざして論を進めよう。

標識としての快楽

さきに、すべての感覚は真であるというテーゼが、第一次性質を介しての第二次性質に関する自然学的理論を想定していることを述べた。快楽と苦痛とは、甘さや辛さに似ていて、第二次性質の特徴をもっている。だから、感覚が第二次性質に対するのと同じ仕方で、感情は標識として働くだろう。「どんな快も、われわれに親近な本性をもっているが故に、善である」[24]とか「快は生きものの本性に親近であり、苦は疎遠である」[24]とかの文句の中には、快楽が親近性という構造をもっていることが示されている。この見解によれば、快とは人の心身構造がそれに適合した仕方で作用していることの意識であり、苦とは心身構造がそれに疎遠な仕方で作用するように強制されていることの意識である。有機体は二連の条件下で適切に作用する。第一に、完全な平静状態にあるときには、全部位が完全に作用している。第二に、平静状態が失われたとき（――栄養不足に陥り飢えの苦痛を意識しているとき――）には、不足をいやす機能をもつ部位が適切に補充作業をする。われわれは、第一条件下では静的快楽を、第二条件下では動的快楽をもつ。だから、静的快楽のほうが優れており、最高の快楽は身体上の苦痛のなさと精神の苦悩のなさであるとされた。[25] 苦痛と苦悩をまとめて不適切に作用していることの意識と読みかえれば、最高の快楽とは「不適切に作用していることの意識からの解放」ということになるだろう。とはいえ、この議論には三前提がかくされている。第一に、適切な作用と不適切な作用の中間はないということ、第二に、有機体は自分の作用の仕方をいつも意識していること、第三に、快苦の表象はいつも真であること、つまり、有機体はその本性にてらして作用の適切さと不適切さを正確に表しているということである。

第二次性質の知覚の場合に提示された自然学的理論のように、快苦の表象についても自然学的理論が期待される。ルクレティウスはそれについて若干の示唆を与える。「素材の物体が何らかの力によって、生きている肉や四肢にわたって混乱させられて、肉体内の各自の場所において振動を起こしているときに苦があるのだし、物体が再びもとの場所に戻ってくるときに甘い快感が生じる。」[26]ここでは、苦痛とは有機体の空間的分裂状態（――有機体を構成する原子が自分の場所から追い出されている状態――）の意識であり、快楽とは場所をかえられた原子がもとの場所に戻り全体の作用を回復する運動の意識である、とされている。これが動的快楽に関する文章であることはもちろんである。

快苦の標識としての作業　水中の櫂《かい》が屈折して見えるとき、その感覚的表象は相次いで観察者の視覚器官に衝突してくる映像の本性を忠実に表象している点で、真である。しかし、もし観察者がその表象を頼りにその櫂は折れ曲がっていると判断し確信するならば、彼は偽なる事態を確信することになる。これを避けるには、観察者はこの表象を別の表象（――水から出したときの櫂の見え方――）によって検証しなければならない。事物の真の本性は、唯一の表象によってでなく、全体として考えられた表象によって明らかにされる。この感覚の場合の考察は感情の場合にもあてはまると期待されよう。

個別的な快の感情は、有機体の部位が適切に作用している事実を忠実に表象している点で、真である。しかし、特定条件下で櫂が屈折して見えるからといって、櫂の実際の形を表象していると想定することができないのと同様に、特定条件下である何かが有機体のある部位の作用に適切だと認められたからといって、それが異なった条件下でも有機体全体の作用に適切である、と想定することはできない。それを善と表象すること、たとえば、飢えの条件下で美食を栄養作用に適切なものとして表象すること、これは真であろう。だが、そのものが選択に値するとする確信、たとえば、美食が有機体の長期にわたる作用を推進するとする確信、これは偽であるかもしれない。その確信は別の表象すなわち別の快楽や苦痛によって検証されなければならない。感覚の場合でのように、感情の場合でも、選択に値するという確信は全体として考えられた感情（快と苦）によって判定されるのである。

エピクロスは、心身をもつ有機体はそれに適合した作用に向かう備えつけの動力をもっており、快楽（——適合した作用をしていることの意識——）の追求は人間本性によって指令された生き方であり、快が目的であると考えた。だから、「もし君が、どんな折にも、君の行為の選択もしくは忌避にあたって、自然の目的と照合しないで何かほかの手近な標準に転ずるならば、君の行為は君の原理《ロゴス》と一致しないことになろう」[27]と言う。この文章が、感覚と判断（——感覚を基礎にして形成され感覚の確証を持っ——）を区別する文章の次に置かれていることは偶然ではない。選択・忌避の判断は、快苦の直接的表象によってではなく、自然がわれわれに設けた目的によって決定されるのである。自然はその導きのために、快苦の感情をわれわれに備えつけたのである。そして、その自然の目的とは、妨げられない生活、苦痛のない心身作用なのである。妨げられない作用に向かう有機体の動力は、「肉の声は飢えないこと渇かないこと冷えないこと」[28]の文章によって示されている。

快楽の限界

既述のごとく、快の感情によって真とされているものは、快楽を感じている有機体の部位に適合した作用であった。しかし、その快楽が有機体全体の妨げられない作用に導かないで苦痛（──不適切に作用していることの意識──）を招くとしよう。どの部位に適合した作用も全体の円滑な作用に寄与するはずなのに、以前に感じた快の感情は適合しなかった作用であったことになる。これは、快楽とは適切に作用していることの意識であるという定義に反してしまう。これは難問である。しかし、快楽とは有機体の自然状態の回復であるが、ある快楽は自然状態の回復を結果しないで苦悩をともなう不自然状態を結果するという理論を立てれば、必ずつきまとってくる難問なのである。

エピクロスの**快楽の限界**についての理論は、この難問からの脱出路であった。消化器官に適合した作用は食物摂取であり、食物摂取は飢えの苦痛をいやし消去する。だから、動物は、食べているときには快楽を感じるように造られている。しかし、時として、食べすぎれば飢えをいやしても、吐き気や消化不良に苦しめられる。この場合での欠陥は、消化器官（――適切に作用したときには快楽を生む――）にあるわけではない。食物摂取の限界を理解せず食欲を制御できなかったことにある。エピクロスは、快楽の限界を理解することの重要性を強調して、「自然は快楽に限界を設定しており、ひとたび欠乏（飢え）から起こる苦痛が除去されれば、肉体の快楽はもはや増大せず、ただ多様化するだけだ」とか「快の限度を思考によって測れば、無限の時間における快楽と限られた時間における快楽とは同量である」[29]と言う。それだのに、肉体は、快楽を無限だとし、その達成には無限の時間が必要だと思いこみ、自然状態を逸脱してしまうのである。

哲学的英知の仕事は、度はずれた快楽追求傾向をためることだ。そのためには、快楽の自然的限度を理解し、自分の欲望をこの限度に合うように控えなければならない。これを自然学的に説明するとこうなる。欲望や快楽を通して意識の中で表象される原子の運動は有機体の自然的目的（――妨げられない作用で静的快楽として表象される――）を推進する内部的傾向をもつだけではない。同時に、適切な限度を超えて激動し、自然的目的に向かう運動を台なしにしてしまう傾向をももっている、と。エピクロスのこの発想はかなり複雑であるといえる。しかし、自然的欲望が生物に有用なことと、その有用性が台なしにされることがあること、この両方を巧みに説明している。

エピクロスは欲望を分類した。[30] 自然的で必須な欲望（――苦痛を終わらせるもので、肉体のための衣食住への欲望と精神のための恐怖からの解放――）、自然的だが必須ではない欲望（――苦痛を除去せず快楽を多様化するだけのもので、贅沢《ぜいたく》な食事への欲望――）、自然的でも必須でもないむなしい欲望（――銅像を立てられたいとか勲章をもらいたいとかの欲望――）の区別である。英知は最後のむなしい欲望を完全に消し去る仕事を受けもつ。だが、そういう欲望を感じている限りには、その欲望の充足には快楽がともなうだろう。そうだとしたら、その快楽も何か適切なものと考えないわけにはいかない。いったい、その快楽は何にとって適切なのか。有機体の全体および部位の固有な作用にとって適切なはずはない。だから、そういう快楽は人間の自然的本性にとってではなく、むなしい臆見によってねじまげられた根性にとって適切だということになろう。もし、有機体の固有な作用と無関係な快楽をも含めて、どんな快楽もそのまま適切であると言ったとしたら、適切という語は快いと言う語と同義になってしまおう。これは、すべての感情は標識であるというテーゼを台なしにしてしまうことだ。

最後の難問

この難問に対して、後代のエピクロス学徒は、文明に毒されない動物や原始人や子供の自然的傾向を用いて解答した。社会的名誉の獲得にともなう快楽は、社会の贋《にせ》の価値によって堕落し、偽なる確信をもつ人だけがもつ快楽だ、とされた。そういう快楽は善なるものの証拠ではないし、ひいて、選択に値するものの証拠でもない。真に快いものは、健全な人すなわち自然が設定した作用規準に一致している人にとって快いものなのだ。こうして、理想的人間像を文明に毒されることなく自分の心身構造の指針に調和して生きるもの（動物・原始人・幼児）に求めた。ひいて、英知とは、そういう自然の単純性を回復する役割を担うものだ、と解答した。しかし、この解答には自然の単純性という**先験的原理**が用いられている。エピクロスにはそんな原理が見当たらない。もしあるとしたら、その原理は、快楽は標識であるというテーゼと矛盾することになろう。

有機体の固有な作用という語句にも疑問がある。快楽は固有な作用にともなう意識だとすれば、快楽の語を用いないで固有な作用を定義しなければならない。固有な作用とは、自然が一切の生物に遂行するように命じた作用である、と定義するしかないであろう。ところが、自然の命令は快楽追求であると言われているのだから、快楽追求と固有な作用とは同義となってしまう。自然は各生物にその個と種の保存を命じたのであり、快楽とは保存を推進する作用をなしていることの意識である、ということも考えられる。しかし、エピクロスには、長命や子孫の繁栄を謳歌《おうか》している文章は見当たらない。難問は解けないままに残る。快楽という華麗な蝶は論理の網にはかからない、と言うほかはない。

感情はどの確信にとっての標識か

ここで最初に提起した問題——感情はどういう確信の標識なのか——に解答しよう。この飲み物（個別的）を例にとろう。経験された快楽は三つの確信、

1　その飲み物は快いという確信、2　その飲み物はよいという確信、3　その飲み物は選択に値するという確信の中のどの**個別的確信**の標識なのか。既述のように、第一確信と第二確信に対する標識の在り方と第三確信に対するそれとは異なっている。

この飲み物の快さの本質は有機体の作用にとっての適切さ（——これはこの飲み物の善さにつながる——）なのであるから、この飲み物を快いと感じていることはこの飲み物を実際にあるとおりに表象していることである。つまり、その感情は直接に第一確信と第二確信が真であることを保証している。これはほかの個別的事例にもあてはまる。だから、快楽は善であるという普遍的確信も真であることになる。「この快の感情を基準としてすべての善を判断する」[31]という文章はこの普遍的確信の真を是認している。

これに対して、この飲み物は選択に値するという第三確信の場合は複雑である。選択に値するという特性は、今・ここでのこの飲み物の快さによっては決められないで、長期にわたるこの飲み物の働きによって決められる。とはいえ、長期の働きも快によって測定される。だから、今・ここでの快さも証拠（——この飲み物は選択に値するという確信が真であることを示す証拠——）の一部である。証拠を全体として考えれば、快さは個別的な第三確信の真を保証することになる。

快楽は選択に値するという**普遍的確信**の場合はもっと複雑になる。「快楽は選択に値する」という文章を「すべての快楽は選択に値する」という文章と同じだとするわけにはいかない。エピクロスは、自然的でも必須《ひっす》でもない欲望（名誉欲）を区別して、その欲望充足にともなう快楽は選択すべきではない、と言っているからだ。だから、すべての快楽ではなくて、自然的で必須な欲望の充足にともなう快楽と限定しなければならない。こう解釈すれば、自然的で必須な快楽は選択に値するという確信は快の感情によって真であるとされることになる。

　自然的でも必須でもない欲望を認める限り、つまり快楽の質的差異を設ける限り、快楽説は首尾一貫しない。それはこうだ。快楽の上等と下等を決める規準は少なくとも快楽以外のものでなければならない。すると、上等な快楽の追求は快楽以外のものを追求することになってしまう。これは矛盾だ。この矛盾からエピクロスを救う唯一の道は、彼は精神の平静と身体の無苦につながらない快楽を快楽とは認めなかった、と決めてしまうことだ。それではさきの欲望の区別はどうなるのか。きっと、それは、初心者にわかりやすく説教するための方便だったのだろう。つまり、俗人がもつ美食や名誉への欲望を重視しないように説得するために、この区別が必要だったのだろう。こう解釈すれば、矛盾なく解決できるだろう。

自然学

原子論の基本的な考え方

エピクロスはその自然学を若干の形而上学的命題ではじめる。それは、1 有らぬものからは何ものも生じない、2 何ものも無へと消滅しない、の二テーゼからなる。これらのテーゼは、レウキッポスの断片「何ものも無計画に生起することなく、万物は理《ロゴス》からまた必然によって生じる」[32] やデモクリトスの断片「何ものも無から生起せず、また崩壊して無に帰すこともあり得ない」[32] に対応している。この産出性の原理を立てて、物質恒存の原理に移る。物質が無限に分割されるとしたら、物質は完全に分解してしまい、物質が再び結合して出現することはない。エピクロスも「あらゆるものが消失して有らぬものに帰してしまわず、合成体の分解の中でも残存しているはずだとすれば、かの物体は本性上不可分割で不転化であり、本性上充実していて、どのようにしても分解され得ない。根本原理は不可分割なもの（原子）でなければならない」[33] と言う。物質恒存の原理を保持しながら、物質の分解過程と再建過程とが可逆的に進行すると考えようとすれば、分解は無限に進行しないで一定限度内で停止しなくてはならない。こう考えてはじめて、物質が量的に減損することなく、究極的微粒子からの再建も可能となる。こうして、不可分割者（原子）の存在が論証される。これは確かに、初期原子論者の見解をそのまま継承したものと言える。原子論の立場に立つ限り、原子の存在に関するこの第一公理は堅持されなくてはならない。

原子論は、空虚についての第二公理によって完成される。物質が原子から成っているとすれば、すべての変化は原子の運動の結果でなくてはならない。原子の運動に不可欠な条件は、原子が場所から場所へと移動するための物質を欠如した空間すなわち空虚があることだ。独自に存在する空虚がなかったら、存在者は運動することもなく、存在者を分離しておくものもなくなって存在者が多であることもできない。また、原子自体の内に空虚がないことも明白である。もし原子自体の内に空虚があるとしたら、原子は外部からの影響によって変化・分解して原子ではなくなってしまうからだ。空虚についての第二公理は、原子の永遠性と充実性を保証している。これを総括して、エピクロスは「宇宙の削減不可能な内容は物体と空間である」[33]と言う。

物質恒存の原理は無からの創造を拒否し、ひいて無への終焉《しゅうえん》をも拒否する。デモクリトスは「宇宙は外部の力によって創造されたものではないから、宇宙には終焉がない」[34]と言う。宇宙は時間的に無限すなわち永遠であり、空間的にも無限である。エピクロスも「そのうえ、宇宙は無限界である。限界づけられたものは**末端**《アクロン》をもち、その**末端**はほかの何かと対比してはじめて見つかる。しかし、その何かが見つからないのだから、宇宙は**末端**をもたず、したがって限界づけられてはおらず、無限界である」[33]と言う。末端という用語は幾何学の用語である。エピクロスは、物質の分割問題のときには幾何学用語を退けたが、宇宙の無限界性の論証ではそれを採用している。空間に関する議論なのだから、幾何学の用語を使用するのも許されよう。

宇宙の空間的無限界性は空間中の物質の量に関係してくる。だから、上記の文章に続けて、「さらに、宇宙は物体の数の点でも空虚の範囲の点でも無限界である。その理由はこうだ。一方で、空虚が無限界で物体が数の点で限られているとすれば、物体はどこにも停止しえない。衝突を介してその物体を支えて場所的に留めておくほかの物体がないのだから、その物体は無限な空虚の中で拡散してしまうだろう。また、他方で、空虚が有限だとすれば、無限な物体は自分の占める場所をもたないことになるだろう」[35]と言う。つまり、有限量の物質は無限界の空間の中では定着できないという議論である。原子論者はこのように宇宙を完結した体系と考えている。

初期原子論者は、宇宙は無限数の充実した原子で満たされた無限大の空虚から成る、と考えた。では、それら原子は何によって区別されるのか。レウキッポスとデモクリトスは、原子の特性として形状とサイズを挙げた。デモクリトスの断片は「原子はあらゆる種類の形状、外観、サイズをもっている。平らでないもの、鉤形のもの、凹形のもの、凸形のもの、数えきれない変形をもったものがある」[36]と言う。アリストテレスも「デモクリトスとレウキッポスはこう述べる。数の上でも形状の種類の上でも無限な不可分割的物体があり、それらから万物は作られている。作られた物体はその構成要素（原子）の形状や、それらの位置や配列によって相互に異なる、と」[36]と伝えている。物体の物理的性質は、物体を構成する原子の形状、サイズとその結合様式、物体が占める空虚の中での原子の配列様式によって決定される、というのである。ちょうど、化合物が、法則に従った元素間の化学反応によって生じるように。こうして、原子論者は、物体の再建と分解とを機械論的に把握したのである。

エピクロスは、この初期原子論者の思想をそのまま継承し、これによって自然学的に原子の存在は確立されているとした。もちろん、多少の修正はある。その点は折にふれて述べることにして、まずはアリストテレスの初期原子論に対する批判を述べることにしよう。

アリストテレスの原子論批判　エレアのゼノンは、有限な時間のあいだに無限の点を渡ることはできないという理由で、運動を否定した。これはパルメニデスの有一元論を裏から証明したものであった。アリストテレスは運動の事実を経験的に認め、運動の連続性を基調にしてエレア学派に解答した。ついで、返す刀で、次の三つの議論を展開して、原子論者の主張する不可分割的なもの(原子)を拒否した。

1　すべての量は分割できる　線分のような量が不可分割的な点に分割されるとせよ。さて、不可分割者には末端がない。もし末端があるとしたら、その末端と末端以外のほかの部分とが区別できることになり、不可分割者は不可分割でなくなってしまうからだ。連続とは末端が一つになっていることなのだから、末端をもたない不可分割者が連続することはない。量は連続的である。だから、量が不可分割者から構成されることはありえない。線分が点から、時間が今から成立することはありえない。線分が点の連続的なつながりと考えても線分の定義には矛盾が生じはしないが、点の定義と矛盾してくる。故に、線分はつねに線分に、量はつねに量に分割されるのだ。「連続的なものがつねに可分割的なものへと分割できることは明らかである。というのは、もし不可分割的なものどもへと分割できるとすれば、不可分割的なものが不可分割的なものと接触（――末端が一緒になっていて切れ目がないこと――）することになるから。連続的なものどもの末端は一つであって接触するのだから。」[37] こうして、量はどこまでも分割できるのであって、分割できない原子を想定するのはまちがっている。

アリストテレスとプラトン
（部分，ラファエロ筆）

2　不可分割な運動は考えられない　運動の軌道が不可分割な最小断片から成っているとすれば、運動は間欠的にだけ可能となろう。その場合には、自動する物体は軌道の各断片上ではいつも静止しているだろう。これは不合理だ。A点が断片Pを運動し終えたとは言えても、A点が断片Pから断片Qへと運動しているとは言えないことになる。あとの場合には、不可分割的な各断片の中間での運動が問題となってくる。そういう運動を認めないとすれば、静止しているとともに運動している物体、もしくは二断片上に同時に位置している物体が存在するとしなくてはならなくなる。だから、運動が不連続だと仮定すれば、運動の考えは死んでしまう。運動が観察できる事実として存在することを認めるならば、運動は必然的に連続的でなければならず、不可分割な運動は考えられない。

3　運動・時間・距離は共に分割できる　速度の違う二つの運動を比較しよう。速い運動をする物体Aが距離d_0を運動し終えた時間t_0のあいだに、遅い運動をする物体Bはd_0よりも短い距離d_1（$d_0>d_1$）を運動し終える。次に、物体Aがd_1を運動し終えた時間t_1（$t_0>t_1$）のあいだに、物体Bは距離d_2（$d_0>d_1>d_2$）を運動し終える。これをくり返すと、$d_0>d_1>d_2\cdots\to 0$、$t_0>t_1>t_2\cdots\to 0$が得られる。つまり、距離も時間も無限に分割できることを示している。このことから、「運動・量・(距離)・時間のうち一つが分割されるならば、同様にその他も分割できる。」[38] つまり、三者は共に連続的なのである。一つだけを非連続にして他を連続的としたり、二つを非連続にして一つを連続的にすることはできない。

これがアリストテレスの原子論に対する批判であった。運動・量・時間のうちのどれか一つが連続的であるなら、残りの二つも連続的であるという思想が目につく。

エピクロスの解答の概略

上記のアリストテレスの原子論批判に対して、エピクロスは答えなければならなかった。その解答はエピクロスの自然学を述べたあとで記すのが当然であるが、その自然学を叙述するための指針として、解答の概略を記しておこう。

第一のすべての量は分割できるという批判に対しては、分割は無限に進まず不可分割者のところで止まる、と答える。第二の不可分割的な運動は考えられないという批判に対しては、運動・量・時間のうちの一つに不可分割な単位があれば、ほかの二つにも不可分割な単位がなければならないというアリストテレスの理論を逆手にとって、不可分割的な量の単位があるのだから、運動の不可分割的な一単位は時間の一単位中に距離の一単位をよぎるのだ、と答える。つまり、不可分割的な運動があると主張する。第三の速度の違う二運動の比較論によって時間と距離もどこまでも分割できるという批判に対しては、再びこれを逆手にとって、不可分割者の運動の速度はすべて同じであって、それにはより速い運動やより遅い運動はない、と答える。たしかに、速度の違う運動があることは観察される事実である。だが、それは原子の合成体である可視的物体について観察される事実なのだ。原子の等速運動と可視的物体の不等速運動とを理解すれば、この批判に答えられる。以上がエピクロスの解答の概略である。エピクロスがアリストテレスの批判を逆手にとって原子論を擁護している点が注目される。この解答を前提にしておいて、その自然学に向かおう。

無限分割の理論的否定

前記のように、初期原子論者の思想を継承して、エピクロスは自然学的に原子の存在を確立したとした。とはいえ、まだ、その自然学的な原子は理論的にはさらに分割できるのではないか。こういう問題が生じてくる。これに対し、彼はきっぱりと、「原子のごとき限られた物体の中に無限数の部分――そのサイズがどんなに小さかろうと――があると考えるべきではない」[39]と言う。これは無限分割を拒否するもので、原子の最小部分すなわち**極限**《ペラス》が理論的に存在することを示唆している。このテーゼから帰結することは次の二点である。

1　原子が理論的に無限に分割されたら、実在する原子は無に帰してしまい、原子を把握することができなくなる。つまり、最小部分に到達するたびに、それも分割できるとしなくてはならず、原子の探究も無駄になってしまうだろう。

2　無限分割が否定されれば、限られた物体の一部分からほかの部分へと想像の中でよぎる過程が無限数のステップ（――アキレスは亀に追いつけないという議論の場合のように、そのステップがますます小さくなるとしても――）から成るということはありえない。無限数のステップからなる限り、全体が限られた物体であることができなくなるからだ。

無限分割を拒否するテーゼの根拠は何であるか。エピクロスはこのテーゼを次の二主張によって支える。

1　事物の中にサイズをもった無限数の部分（――その部分のサイズがどんなに小さかろうと――）があるとすれば、どうしてその事物がサイズの点で有限でありえようか。どんなに小さくても、部分がサイズをもち、その部分が無限数だとしたのだから、全体の事物は無限になってしまう。

2　ある人はこんな主張をしよう。もし限られた物体が、その物体から切り離しては観察できないがしかも区別できる**末端**《アクロン》（正立方体の表面の正方形のような）をもっているとすれば、その末端の隣の同様の末端（――表面の正方形のすぐ下の正方形――）が考えられ、こうして一歩一歩進んでいけば、思想の上で、限られた物体の中に無限の部分があるという考えに到達できるに違いない、と。この主張は、原子も理論的には無限に分割できる、とするものである。エピクロスはこの主張を退ける。

　無限分割否定論の第二論拠はとくに重要である。無限分割論の主張をくつがえすのに、エピクロスは、末端を知覚できる限りでの最小限との類推を用いて考える。知覚できる限りでの最小限は、部分から部分へとよぎることができるほど大きくてその部分が知覚によって区別できるものと同じではないが、さりとて全く似ていないわけではない。両方ともが量である点で共通点をもっている。しかし、知覚できる限りでの最小限ではその部分が知覚によって区別できない点で、両者は異なっている。大きくてその部分が区別できる量との類似性を根拠にして、われわれは知覚できる最小限の中でも、一部分はこちら、もう一つの部分はあちらというように、知覚によって部分が区別できると考えたくなる。しかし、この考えは不当だ。この量は知覚できる限りでの最小限なのだから、知覚できる第一部分と知覚できる第二部分とは同じであって区別できないのである。こうして、われわれは、知覚できるかぎりでの最小限が最初のものから順番にならんでいて、それら最小限が同一場所を占めて重なり合うことがないことを知るのである。それら最小限は**計測単位**として機能し、それを用いて最小限から構成されている事物は計測されるのである。単位が多ければ大きな量だし、単位が少なければ小さな量だというように。最小限が計測単位となるのは、最小限が知覚によって区別できる部分をもたないからなのだ。

　知覚できるかぎりでの最小限の着想は、「すべての感覚は真である」という規準論を根拠としているようだ。D＝ヒュームは、「一滴のインクを紙に落として、それを凝視しながら見えなくなるまで後退して見よう。点がまさに消えようとする瞬間には心像すなわち印象は完全に不可分である」と言った。可視的対象には最小限があって、それを超えた小さなものは視覚ではとらえられない。幾何学の定義に合致した点や線は目に見られはしない。知覚できる限りでの最小限の存在は、否定することのできない感覚の事実なのである。この最小限を単位として設定するとき、知覚できる事物の量はこの単位の整数倍となる。

　エピクロスは、知覚できる限りでの最小限についての議論が原子にもあてはまる、と考える。知覚できる限りでの最小限と原子とでは小ささの点で異なっていようが、原子の最小限（**極限**《ペラス》）については同じことが言えよう。というのは、われわれはさきに、何か小さなものをクローズ-アップして、この世界の知覚できる事物になぞらえて、原子は大きさをもつと述べたのであるから。この類推は正当なはずだ。ひいて、最小限で部分をもたない**極限**はそれ自体が単位であって、原子のような不可視的なものを理論的に探究する際には、大小の原子を計測する尺度を提供する。以上が、知覚できるかぎりでの最小限と原子の**極限**との類推によって知られるすべてである。ただし、知覚できる事物は知覚できるかぎりでの最小限から構成されていると言えるが、原子が原子の極限から構成されてくる過程については何も言えない。原子は永久不変であって、その大きさが極限によって計測されるだけなのである。こうして、原子の理論的分割は極限のところで停止し、無限に進行することはないのである。これが、不可分割者を拒否するアリストテレスに対するエピクロスの解答であった。

原子の運動について

アリストテレスは、原子論を論評して、「彼らはいつも運動があると言う。しかし、その運動がある理由や運動の本質については何も語らないし、また、この世界がこのようにまたはあのように運動するとすれば、そのように運動する原因については何も語らない。さて、勝手に運動するものは何もなく、それを動かす何かがあるはずだ。すなわち、事実問題として、一事物は自然によって一つの仕方で動き、力によるか理性とそのほかの何かの影響によってほかの仕方で動く」[40]と言った。アリストテレスは質料《ヒュレー》・形相・能動・目的の四因論にとりつかれていた。それに対し、初期原子論者は、運動の原因を問題とせずに、運動を所与の事実として受けとめ、衝突という機械論的モデルを用いて運動の総量を主張し、運動量恒存の原理に迫った。デモクリトスは「無限な空虚の中で、形状・サイズ・位置・配列の相称性〔凹と凸のような〕によって、原子は組み合い、一緒に滞留して複合物を作る」[41]と言う。空虚の中を自由に運動する原子を別として、複合物を形成した原子は複合物の中で永久に運動しつづける。その運動は隣接の原子によって制限された狭い空間の中で行われる。狭い囲いの中での素早くかつ頻繁な衝突による運動は振動と言ってよいだろう。彼らは、こんな素朴な概念を用いて、物質の運動法則をとらえようとしたのである。

初期原子論者は原子の重さを認めなかった。したがって、原子の運動は方向をもたず、さしこむ光の中に浮き出る塵埃《じんあい》のように、原子は勝手に動き衝突し合うのだった。エピクロスは重さを原子の特性に加えた。すると、原子は雨のように大地に降りそそぐ運動をすることになる。この原子の平行下降運動を軸とすれば、原子の衝突は起きない。そこで導入されたのが、原子の衝突が起きるのに必要な斜傾運動であった。この伝統的なエピクロス解釈はきっと正しいであろう。だが、それを裏づける斜傾運動の資料はエピクロスにはない。こんな諸事情を念頭におきながら、運動をめぐるアリストテレスの原子論批判に対するエピクロスの解答を述べることにしよう。

原子の等速運動

エピクロスは言う。「さらにまた、原子は、衝突を受けないで空気中を運動していくときには、かならず等速で運動する。重い原子が小さくて軽い原子よりも――何ものも後者と衝突しない限り――より速く運動することはないだろうし、すべての原子が自分のサイズにとって十分に広い進路をとるのだから、小さい原子が大きな原子よりも――やはり何ものも後者と衝突しない限り――より速く運動することもないだろう。なおまた、他の原子の衝突による原子の上方あるいは側面への運動も、原子固有の重さによる下方への運動も、少しもその速さを変えはしない。というのは、これらの運動のどれかが行われる限り、原子は、反撃――外部の何かの衝突によろうと、あるいは打撃を与えたものの力にさからって働く原子固有の重さによろうと――があるまでは、思想と同じ速さで運動をつづけるだろうから。」[42]

ここには二種の運動、重さによる下方への運動と衝突による上方あるいは側面への運動が挙げられている。どちらの原因によろうと、原子は反撃されるまでは同じ速度で運動する。運動が下方運動ならば、よぎってくるほかの原子との衝突によってだけ反撃される。運動が上方または側面への運動ならば、衝突または重さの復権要求によって反撃される。のちの場合には、普通には、別方向への加速の結果、ゆっくりした減速があると考えられる。投げ上げられた石が放物曲線を描くように。しかし、この考えは退けられており、一方向に向かう全速力の運動の直後に、他方向に向かう全速力の運動がつづくのである。もちろん、原子の重さの相違が運動に変化を与える。しかし、その変化は方向と距離の二面についてだけである。落下する重い原子が軽い原子と衝突すれば、重い原子はわずかな距離だけ方向をそれて再び下降するか、あるいはわずかな空間単位だけ上方に運動して再び下降することになる。しかし、どちらの場合でも、原子の運動は等速なのである。

右の原子の等速運動の記述の中には、原子の斜傾運動に関する記事がない。すべての原子が等速で下降するとすれば、原子の衝突はどのようにして起きるのだろうか。衝突が起きるためには、たとえわずかでも原子が下方運動からそれる**斜傾運動**が必要であろう。しかし、資料の限りでは、その記事がない。

等速運動の記述は、不可分割的な運動つまり運動単位の叙述に移る伏線をなしている。これは、アリストテレスの第二の批判に対する解答の準備なのである。それにしても、速い運動と遅い運動があるのは事実ではないか。アリストテレスの第三の批判の論拠となったこの事実をエピクロスはどう説明したのか。これを説明したのちに、さきの運動単位にかえることにしよう。

合成体の運動

エピクロスは言う。「さらにまた、合成体の場合には、その原子はすべて等速で運動するのに、一合成体は他の合成体よりも速く運動する、と言われる。これは、合成体内の原子どもが一つの場所に向かって最短の連続的時間のあいだに運動するからである。もっとも、思考によってのみ区別できる時間（原子的時間）の中では原子どもは同じ方向に運動せずに、さかんに衝突し合っていて、あげく、原子どもの運動の連続的傾向が知覚の圏内に入ってくることになるのである。」[43]

速度の違いを示すのは合成体の運動である。合成体を構成する全部の原子が等速で運動するとして、観察できる合成体の運動の遅速はどのように説明できるのか。合成体を構成する全部の原子がある時間のあいだを同じ方向に動けば、合成体は動く。全部の原子が同じ方向に動かなければ、合成体は停止する。全部の原子が長い時間のあいだに同じ方向に動くとすれば、合成体はゆっくりと動く。全部の原子が最短の連続的時間のあいだに同じ方向に動けば、合成体は速く動く。とはいえ、全部の原子が思考によって区別される不可分割的な時間単位の中で同じ方向に動くことはない。もし、そのように動くとすれば、合成体は原子の速度すなわち思想の速度で動くことになる。だが、合成体がそんなに速い速度で運動しないことがわかっている。だから、全部の原子がそのように動くことはない。短かすぎて知覚不可能な時間、すなわち思考の中でだけ区別できる不可分割的な時間単位のあいだでは、合成体内の原子どもは相互に衝突し合って合成体の占める場所中を運動している、と考えなくてはならない。合成体の運動は、それを構成する原子どもが最短の連続的時間（――不可分割的な時間単位が集積して知覚できるほど長くなった時間――）のあいだにとる運動の全体的傾向なのである。エピクロスは、遅速の運動が観察されるのは最短の連続的時間の間の合成体の運動についてなのだ、と言っているのだ。これが、彼のアリストテレスの第三の批判に対する解答であったのである。

最短の連続的時間と不可分割的な時間単位

上記の中では二種の時間が区別されている。思考の中でだけ区別できる時間とは不可分割的な時間単位（――これは時間の長さであって瞬間や末端ではない――）であって、その時間単位のあいだに原子は空間の不可分割的な単位をよぎって運動したのである。つまり、原子は1原子的時間単位のあいだに1原子的空間単位をよぎったのである。だから、原子は等速運動をするのだ。しかし、その速さは思想の速さと同じで、知覚されはしない。

最短の連続的時間はこの時間単位の整数倍の長さで、知覚できるほど長い時間のことである。運動の全体的傾向が見つけられるのは連続的時間のあいだである。これを解説するとこうなる。最短の連続的時間が10時間単位から成っているとしよう。ある原子はそのうちの4時間単位を上方に、6時間単位を下方に運動するとすれば、その原子は最短の連続的時間のあいだに2空間単位を下方に運動することになる。別の原子は3時間単位を上方に、7時間単位を下方に運動するとすれば、その原子は最短の連続的時間のあいだに4空間単位を下方に運動することになる。第一の原子は第二原子よりも2空間単位だけゆっくりと最短の連続的時間のあいだに下方に運動することになる。このように、最短の連続的時間のあいだでは原子の速度の相違が出現することが理論的に説明された。知覚できる合成体は、これら最短の連続的時間のあいだに異なる速度で異なる方向に運動する原子どもから成っている。知覚できる物体が知覚できる時間に速度の違う運動をするという観察の事実はこうして原子論的に説明された。

とはいえ、不可分割的な時間単位のあいだでは、原子の運動速度は等しい。エピクロスは、**連続的時間**のあいだに生起することを**時間単位**のあいだに生起することに適用することはできない、として言う。「不可視なものについて判断を下し、しかじかのゆえに、思惟によってのみ認知される短時間のあいだにも原子の運動に連続性がある、などと考えることは、このような場合には真ではないのである。というのは、思惟の中で研究されるもの、ないし、理解力によって把握されるもののみが真であるのだから。」[43]

二種の時間について述べるとき、エピクロスは、前述のより大きな知覚できる量と知覚できる限りでの最小限、知覚できる限りでの最小限と原子、原子と原子の極限についての議論と同じような議論を展開する。そして、不可分割的な時間単位は時間の長さである点で最短の連続的時間と似ているが、時間単位が部分をもたないという点では連続的時間とは似ていない、と言う。

映像の運動

具体的に、視覚器官に接触してくる映像の運動に関する記述を見ることにしよう。

固い物体の表面から周囲の空間の中へきわめて微細な映像の流れが放出される。映像はその母である固体の形状を保持しながら、映像の流れに衝突するものが全くないかあるいはほとんどないほど広い通路をよぎる。この映像の空虚中での運動は、「それと衝突しそうなどのような物体とも出会わない限り、思料しえないほどの短時間のあいだに、理解しうるどのような長距離をも通過してしまう。」[44] つまり、衝突がないときには、映像は原子の速度で動くのである。たしかに、事物に近い人も遠い人も同時にその事物を視覚的にとらえること、これは明白な事実である。映像の運動が考えられないほど速いのだから、到達点の遠近によって生じる時間差があるとしても、その時間差は気づかれないのだろう。知覚できる連続的時間の場合では、運動する物体〔映像?〕はその出発点がどんなに違っていても、同時に到達する。この物体は反撃か何かのために遅らされ、時間的に前後して流出された映像が同時に知覚者のところに届くと想定してもよかろう。

とはいえ、思惟によってだけ区別できる時間単位の場合では事情が異なる。「思惟によってだけ認知される短時間のあいだでは、運動する物体が多くの場所に同時に到達するとしてはいけない。なぜなら、こういうことはとても考えられないから。」[45]

エピクロスの原子の運動速度の論述とアリストテレスの速度論とを比較するとき、両者の見解の違いがはっきりしてくる。エピクロスは、空間をよぎって運動する原子は考えられないほど速い速度で運動する、と言う。これに対し、アリストテレスの運動論では、媒体の中を運動する物体の速度は物体の重さと媒体の濃度によって変化する。だから、濃度のない空虚の中を運動する物体はどれも同じ速度で運動することになる。しかし、物体が等速運動をしていないことは観察の事実である。ゆえに、空虚は存在しえない。こうアリストテレスは論じた。エピクロスはこの議論を逆手にとる。空虚が存在する。そして、空虚をよぎって運動する原子は考えられないほど速いが等しい速度で運動する。だが、その原子の運動は観察できる運動とは全く別の運動である。こうエピクロスは論じたのである。

エピクロスの選択

エレア学派は、物質的存在が不可分割的な部分に分割できるという論はゆるしがたい矛盾に陥ることを示し、実在の世界は多数ではなくて一者であり、どんな種類の変化や運動も含まない、と結論した。この結論は自然学を袋小路に追いこむものであった。初期原子論者は、この袋小路からの脱出路を模索し、あげく抜け道を発見した。それは、視覚ではとらえられない絶対に不可分割的な固い物質部分（——形状とサイズの点で相違するが、自己内に内部的区別を絶対に含まない原子——）を設定する道であった。彼らは、この原子を設定しさえすれば、エレア学派の議論を出し抜くことができると考えたのである。

他方、エレア学派の難問に対して、アリストテレスは、大きさは可能態においてはあらゆる点で分割でき、無限に分割できるが、現実態においてはあらゆる点で分割できるものではないという議論を展開して、解答した。返す刀で、不可分割的な大きさを設定する理論は不必要だとし、進んで原子論は誤りであることを論証しようとした。その論旨はこうだ。大きさが不可分割者どもから作られることはありえない。そのわけは、不可分割者どもが同一の場所を占めてしまって大きさを作りあげない（――大きさのない数学上の点の集合のように――）か、あるいは、不可分割者どもはその部分が相互に接触していて結局は可分割的となってしまうか、どちらかなのだから。さらにまた、不可分割的な大きさがあるとすれば、不可分割的な時間と不可分割的な運動があらねばならない。すると、部分のない物体はピョン、ピョンと跳ねて運動することになる。これは不条理だ。なぜなら、部分のない物体は動きつつあることなしに動いてしまったことになるから。

エピクロスは、アリストテレスの連続についての理論を受けいれることができなかった。その理論が可能態とか現実態とかの特別な用語を含むだけでなく、感覚を真とする自分の基本原理とも合わないからである。こうして、彼は不可分割的な大きさの存在を設定することが必要だとした。その際、アリストテレスの反論を避けるために、不可分割的な最小限（極限――大きさをもたない点ではなく、最小の延長をもつ単位――）を設定し、そういう最小限が順番にならんで配置されうるとした。アリストテレスの反論（――最小量は全体が全体と重なるか、その部分が相互に接触しなければならない――）はここで無視された。彼は、知覚できる限りでの最小限との類推によってそうした単位が考えられる、と言う。もしその最小限が分割できるとすれば、その最小限は最小限ではない。だが、その最小限が知覚できるからには、それは大きさをもっていなければならない。この知覚の事実を基礎にして、彼は原子の最小限（極限）の論を展開した。

しかし、エピクロスはここで難問にぶつかった。すでにアリストテレスは、運動における不可分割的な単位は空間および時間の不可分割的単位を求め、その仮説の下では運動の速度の相違はなくなってしまう、と論じた。エピクロスは、この結論を受けいれ、不可分割的な単位を空間・時間・運動の三者に認めながら、現象と一致するような運動理論を樹立したのである。

しかし、エピクロスは、どうして延長の不可分割的な単位を原子とはしないで、原子の最小限としたのだろうか。この点についての説明はない。だが、推理はできる。アリストテレスは、いやしくも不可分割的な大きさがあるとすれば、運動する物体がよぎる距離は不可分割的な空間単位から成っていなければならない、と論じた。これにうながされて、エピクロスは、運動する原子が次々と占める場所を考察しなければならなかった。その場所が空間単位とすれば、その単位はすべて等しい。それにつれて、原子の単位もその空間単位と等しくなければならない。そうでなかったら、原子単位が空間単位をはみ出したり、隙間があいてしまうだろう。これは不条理だ。この不条理を避けるためには、すべての原子は大きさの点で等しいとするか、あるいは若干の原子は整数倍の空間単位を占めるとするか、どちらかしかない。原子の大きさの相違を認めたからには、第一肢は選択できない。そこで、第二肢を採択し、原子の最小限（極限）は空間単位と等しく、若干の原子はこの極限の整数倍であるという結論に達したのである。これはまことに整合的な思考であると言えよう。

倫理学

ギリシア倫理学での随意的行為　犯罪に対して罰が科せられるように、不道徳的行為は非難され、その責任が問われる。これは日常の事がらである。しかし、もし行為を称賛・非難の対象から除外してしまうような理論が樹立されたとしたら、どうなるのか。人間の行為の源泉と考えられている性向は遺伝的素質や幼児期の環境によって決定されてしまっている、とする（かたい決定論）。すると、その性向から発した不道徳的行為に対する責任はさかのぼって性向を決定した要因に問われることになる。不出来な壺の責任が製作者に問われるように。ここでは責任は成立しなくなる。自然学的に、行為は遺伝子をも含めて物体の相互作用によって生じると立論すれば、背の低い男性が道徳的に称賛も非難もされないと同様に、行為についての称賛も非難も生じない。この場合には倫理学は無意味となろう。

ところで、ギリシア倫理思想の中では、自由意思という一般的原理が立てられたことはなかった。それでも、行為が称賛や非難の対象となるのは事実であり、その根拠が問われた。アリストテレスは言う。「徳は、かくして、情念ならびに行為にかかわるが、称賛ないし非難の向けられるのはこれら情念や行為が随意的なものである場合に限られており、もしそれが不随意的なものであればかえって同情が、また時には憐憫《れんびん》さえもが発せられるのである。してみれば、おもうに、『随意的《エクーシオン》』と『不随意的《アクーシオン》』との別を明らかにするということは、徳に関する考察にあたって必要のことである」[46]と。つづいて、不随意的と考えられるのは、暴力《ビア》によって、もしくは知らなかった《アグノイア》ということのゆえに生ずるごときことがらの場合であるとし、二つの場合を詳論する。始源《アルケー》が外部から与えられている場合、つまり外力による場合が暴力的である。さらに、この暴力的な場合は、他人に腕をつかまれ、それで第三者を殴らされたという場合と、もっと大きな害悪に対する恐怖（――僭主による脅迫のような――）のゆえとか何らかのうるわしきことがらのためにやむなくある行為をする（――難破の危機に会った時の船長の投荷のような――）場合とが区別される。そして、まとめて、「およそ、行為の始源がその人のうちに存しており、行為をめぐる個別的な諸点を当人が知っている限り、それは随意的な行為であると考えられる」とむすぶ。

誤解された斜傾運動

上記のギリシア倫理学の伝統にてらして、エピクロスは随意的行為をどう考えたのだろうか。エピクロスの自然学では、原子の衝突だけが自然学的相互作用であり、そのことが霊魂をも含めてすべての合成体にあてはめられている。こんな体系の中では、前述のように、倫理学は無意味となってしまうのではないか。道徳の教師を自任したエピクロスは、この窮状から倫理学を救出するために、称賛される行為と非難される行為を区別する規準を見つけなければならなかった。

一般に、原子の斜傾運動の論はこの関連の中で生じてきた、と考えられている。一時は、エピクロスの残存資料の中に斜傾運動の記述がないことから、斜傾運動論はエピクロス本人のものではない、とされたこともあった。こんにちでは、この異説はほとんど捨てられ、一般に次のように考えられている。エピクロスでは、霊魂は熱と風と微細な第三の原子から成っており、それらは運動している。感官的知覚機構によって、原子的な映像が環境から感覚器官を通じて受けとられ、衝突によって映像原子は霊魂原子に衝撃を伝えて霊魂原子の運動を変化させる。この変化が心像（対象の印象）と感情（対象に対する快苦の反作用）を構成する。感情は、対象を選択したり忌避したりする運動を刺激する。だが、この連続的な出来ごとの過程のどこかに切れ目がなければならない。というのは、もし切れ目がないとしたら、反応的な運動は霊魂原子の運動と映像原子の運動の接合として必然的に生起することになり、倫理学が成立しなくなってしまうからである。この切れ目を提供するのが原子の斜傾運動である。こうして、機械的な運動系列が中断され、斜傾運動が自発的なように、行為も自発的とされることになった。これが一般的な考え方である。

右の見解をとれば、随意的行為がなされる場合には、いつも原子の斜傾運動があることになる。自由な反応の場合には、刺激と反応の間で行為者の霊魂の中の原子がその進路から逸《そ》れなければならない。ところが、斜傾運動の原因についての記述がない。すると、今・ここで斜傾運動が生起したとすれば、その斜傾運動の生起は先行事件とは完全に無縁な事件、完全に偶然の事件ということになる。ここには何か不条理な点がある。どだい、随意性を主張するのは、称賛・非難の対象となる行為（道徳的行為）と称賛・非難の対象とならない行為（道徳外的行為）とを区別したいからなのだ。上述の斜傾運動による行為の説明は、突然で動機のない行為を説明するのには適切だが、道徳的に称賛される思慮ある行為を説明するのには不適切である。この見解は、現代倫理学で扱われる自由意志論をエピクロス倫理学に投影している。そこで、課題は、ギリシア倫理思想の中でエピクロスを位置づけることである。だが、そのまえに、斜傾運動の論を検討しておかなければならない。前述したように、エピクロスにはその記述がないので、それに関するルクレティウスの記述を検討することになる。

ルクレティウスの斜傾運動の要約

ルクレティウスは原子の斜傾運動を二つの場面で記述する。一つは、自然学での場面で、次のように言う。「もし、原子がよく斜めに進路を逸《そ》れがちだということがないとしたならば、すべての原子は雨の水滴のように、深い空間の中を下方へ落下していくばかりで、原子相互間に衝突はまったく起きることはなく、何らかの打撃も生じることがなかろう。かくては、自然は決して何物をも生み出さないだろう」。この文章はよく理解できる。そして、エピクロスも、重さを原子の特性としたからには、同様の自然学的見解をもっていたであろう。

いま一つは倫理学での場面で、およそ次のように言う。競馬場のゲートがひらかれた瞬間、駆けだそうとする競走馬の力がどんなにすみやかに発しようとも、馬の意志が発動するすみやかさには及ぶまい。このように、強制された行為と対照的な随意的行為があることは、経験に訴えて知ることができる。知覚できる行動は意志の裁決をまって起きるのである。さらに、これを敷衍《ふえん》してこう言う。「であるから、君は原子にこういう点を認めざるを得ない。すなわち、無からは何物も生じえないことがわれわれの知るところである以上、運動にも打撃と重力以外の別の原因があって、その原因からわれわれの生得的な力（――精神のこと――）が生じることを。というのは、重量はいわば外部の力による打撃から万物が生じることを禁じるからである。しかしながら、精神そのものは、その全活動の遂行にさいして、内面的必然性をもたないようにし、圧倒されて忍従を強制されないようにすること、このことは不定の場所と不定の時での原子の僅少《きんしょう》な斜傾の仕事である。」[47] 精神のもつ内面的必然性をつき破って随意的行為を発動させるものが、原子の斜傾運動であると言っているのである。

前述の内面的必然性とは何なのか。それは霊魂の構造に由来する必然性のことである。霊魂は熱・風・空気・第四の無名の原子から成っているが、それら原子の比率は生物ごとに違っている。獅子のように激怒的な精神をもつものは熱の量が多いし、鹿の精神はより多量の風を含んでいるし、その中間の牛の精神は平和な空気をより多量にもっている。人間の場合もそれと同じで、各人の精神を構成する原子間の比率は訓練によっても変えることはできない。たとい、映像の原子が入ってこようと、その原子が霊魂の原子となることはないのだから、映像の原子は霊魂の諸原子の配列を変えるだけなのである。各人の精神を作る原子間の比率は遺伝的にうけつがれ、それによって各人の性質が作られている以上、それに由来する性向も決定されている。性向が決定されていたら、訓練も無意味となる。ところが、「理性が取り除くことのできない種々の性質の跡は、残るのはきわめて些細《しさい》なもので、神々にふさわしい生活を営むには一向支障とならない位であると思われる」[48]と断言する。この断言は、原子の斜傾運動による新しい運動が発生する可能性によって、裏づけられよう。

斜傾運動が随意性にかかわっていることは、次の文句で明らかである。「最後に、すべての運動が常に結合していて新しい運動が不変の順序に従って古い運動から発生し、また、原子が斜傾して原因が無限に原因に続くことのないように運命の掟《おきて》を突き破る運動の端緒とならないとしたら、いったいこの自由意志（libera voluntas）はどこから地上の生物にくるのか、どこから運命から引き裂かれたこの意志はくるのか。その意志によってわれわれは快が導くところへと動き、われわれの心が導くとはいえ時と処《ところ》を定めず運動を曲げるのだ。」[49]文中の運命とは原因の連鎖のことである。たしかに、この連鎖を突き破るのには原子の斜傾運動があればよい。しかも、たった一つの原子の斜傾運動で足りよう。それによって、霊魂原子の配列は変えられる。それどころか、多くの原子の斜傾運動が起こるとしたら、霊魂は秩序と連続性を失ってしまうだろう。

では、斜傾運動は道徳にどうかかわるのか。もし、斜傾運動が随意的行為を成立させるとしたら、それはどういう特徴を随意的行為に与えるのか。斜傾が不定の時と場所で起きるなら、斜傾は恣意的行為にあてはまって、思慮深い意図的行為にはあてはまらないだろう。実際に、斜傾は随意的行為の説明の中ではとりあげられていない。斜傾論は、われわれの行為が遺伝や環境によって全面的かつ因果的に決定されていないことを主張しているだけではないか。ルクレティウスの思想には何か不備なものがある。エピクロスが倫理学の面で斜傾運動をとりいれたとは思われない。

性向の形成され方

お手本を見ながら、毎日反復練習すれば、字もうまくなる。それと同様に、思慮《プロニモス》ある人の行為をまねて、いつもその行為をするようにすれば、思慮ある行為をなす性向が形成される。このアリストテレスの考え方は、おそらくエピクロスにも通じるのだろう。さきに、映像の原子が衝突してこようと、その原子が霊魂の原子となることはないのだから、映像の原子は霊魂の諸原子の配列を変えるだけである、と述べた。学習が霊魂に及ぼす効果も、貯蔵されている霊魂の諸原子を新しく再配列することだ、と考えられる。これを知識論的に表現すれば、われわれは学習によって先取観念を獲得する、ということになる。そして、それに対応する自然学的な事実は、霊魂の諸原子間に新型の持続的運動が生起するということである。こうして、学習の過程は情報の獲得だけでなく、行動の仕方についての知識の獲得にもかかわってくる。エピクロスは、哲学体系の摘要を反復学習し記憶し活用することが生きる助けとなるし、自然学研究によって心の平和を学び、道徳原理の研究によって欲求を訓練することを学ぶように、と説いている。十分に訓練をつんだエピクロスの学徒は、雷鳴や雷光を一般の人のように神の怒りの表現とは考えず、神話を遠ざけるだろう。こうした持続的性向は、自然学的に表現すれば、霊魂の諸原子間での運動の型なのである。

霊魂の諸原子間での運動、たとえば感覚について、エピクロスは、霊魂原子が肉体原子によって作られた殻《から》の中に閉じこめられている場合にだけ感覚が生じる、と言う。ルクレティウスも、「これは疑いもなく、霊魂原子が血管・肉・筋肉・骨全般にわたってまじり、身体全体に保持されていて、広い間隔の中を自由に離れ飛ぶことができないからであり、それ故、閉じこめられていてこそかの感覚運動を起こしうるのだ」[50]と言う。これらの発言の論点は、霊魂の作用とは、閉じこめられた諸原子の秩序ある運動だということ、つまり、霊魂原子相互間および霊魂原子と肉体原子との間の相互作用に依拠する、ということである。

そこでまず、肉体原子の殻に閉じこめられた霊魂原子と外界の事物から流出して衝突してくる映像原子との相互作用について考えよう。感覚器官を通って、映像原子が霊魂原子と衝突するとき、霊魂原子の運動は映像原子の衝突によって完全に決定されるのか。もしそうだとしたら、ひきつづいて起きる認識作用も、認識作用にともなう感情（快と苦）も完全に外力によって決定されることになる。換言すれば、自然学的には、随意性が成立する余地はまったくないことになろう。それでは倫理学も成立しないだろう。だから、映像原子の衝突のあとで起きる霊魂原子の運動は部分的には霊魂原子の状態によっても決定されるのでなければならない。別言すれば、霊魂原子は衝突してくる映像原子に抵抗すると考えられるのである。

　霊魂原子の抵抗力は、原子のどの特有性に由来するのか。原子の特有性は形状・大きさ・重さの三つであって、霊魂原子もこの特有性をもっていよう。日常経験にてらして考えれば、より重い物体は軽い物体よりも動かしがたい。だから、常識的には重さが抵抗力と考えられよう。実際に、エピクロスは、「何かが外部から衝突するか、あるいは打撃を与えたものの力を打ち消すところの固有の重さのために、その運動が弱まるまでは、」[51]と言う。たしかに、これは、空虚の中を猛スピードで運動する原子について語る文脈の中での発言である。そうだとしても、この発言が殻の中に閉じ込められた原子にはあてはまらないとする理由はない。霊魂原子の重さは、流入してくる映像原子との衝突によって全く見当のつかない型の運動を起こさないように、霊魂原子の運動に連続性をもたせるようにするのである。さきに引用したルクレティウスの「重量はいわば外部の力による打撃から万物が生じることを禁じる」という文句もこれと同じ意味なのである。霊魂原子はその重さによって、持続的にある快楽を快と感じ、ある苦痛を苦と感じるようになる。感情が整備されるのである。そこに性向が形成されてこよう。アリストテレスは、随意的行為とは行為の始源が行為者自身の内にあって行為者を超えた外部に求められない行為である、とした。これは消極的な考え方と言えよう。それと同様に、エピクロスは、随意的行為とは行為者自身の内なる霊魂原子の秩序ある持続的運動を始源とする行為である、としたのだろう。この範囲では、原子の斜傾運動は不必要だ。彼がもし自然学の範囲で斜傾運動を主張したとすれば、それは彼の師ナウシパネスの機械論的決定論に反対するためであったろう。

学習の効果

これまでの叙述を総括しよう。各人はそれぞれ特徴的な霊魂をもって生まれついている。その特徴は、霊魂を構成する三種（ルクレティウスでは四種）の原子の比率によって決定されている。誕生とともに、霊魂は、外部の事物から流出して感覚器官や精神を通って霊魂に到達する映像という中間物を介して、外部の世界に反応する。最初から、幼児は快と苦の感情を経験する。原子論的用語を用いて言えば、苦痛とはあるものの欠如に起因した霊魂原子の運動の攪乱《かくらん》であり、快楽とは攪乱されていない運動の回復（これが平静につながる）であるか、あるいは平静の状態そのものであるか、どちらかである。幼児は外界の事物を快苦どちらかの感情に結びつけることを学習する。欠如の感情は欠如を補完しようとする動機、ひいて、欠如を補完する事物に向かう衝動を喚起する。

成人の感情、ひいてその動機や行動はある程度まで遺伝的に受けついだ霊魂の構造によって決定されている。しかし、性向もしくは行為の本質をなす霊魂の運動は、最初から決定されたままではない。霊魂の最初の構造によっては説明できない新型の運動が霊魂に生じるのである。だからして、成人の性向には連続の面と不連続の面とがある。霊魂を構成する三種の原子の比率は同じままであるのだから、成人の性向はある程度までこの最初の霊魂の構造によって決定されている。しかし、それよりもはるかに大きな程度で成人の性向は改造できる。霊魂原子の運動は構造によって決定されてはおらず、学習によって変えられるからである。

人は経験によって学習する。どの欲求も満たされなければならないのだから、どの事物がその欲求を満たすかを学習しなければならない。それは、欲求と充足の経験の反復によってなされよう。人は個人的な試行錯誤によって、あるいは他人からの教訓や例証によって学習できる。もしエピクロス哲学を奉じるようになれば、彼は、自然に生じて充足されなければならない欲求と、自然に生じるが充足する必要のない欲求と、自然には生じないので抹殺してよい欲求とを区別することを学習しよう。また、快楽の限界は苦痛の除去であることを学習し、その限界を超えた余分な快楽を欲求し、あげく苦痛を感じるようになることを避けよう。彼の感情は訓練され、結局のところ快よりも苦をもたらす不適切な事物を欲求しなくなる。彼は、欲求している事物を退けたり、退けるべき事物を欲求しなくなる。エピクロス学徒の理想的人間像は、誘惑されないように学習した人物像である。不屈の闘志をもって世界の誘惑と戦い、自己主張を貫く人物像ではない。また、エピクロス学徒にとっては、自由とは、霊魂原子の運動は自分自身の行為の所産であって、何か運命によって先天的に不変に定められたものではないという事実をその本質とする。「どんな場合であろうと、不道徳的行為をしないですますことができたのに」の文章によって表現される選択の自由を骨子とする自由意志論の自由ではない。

　エピクロスの主張する自由は、消極的で頼りない、という印象をうける。だが反面、この自由論は説得による教育の有効性を保障している。説得は言葉による。かつて、ゴルギアスは『ヘレン頌《しょう》歌《か》』の中で、「言葉が霊魂の構造に及ぼす力は、薬物が身体の状態に及ぼす効果に比せられ得る」と言った。人間の激情を治療的に扱わない哲学者の言葉は空虚だろう。これを原子論的に表現すればこうなる。言葉は、聴覚器官という中間物を通して、衝突によって霊魂原子の運動に作用し、霊魂の運動を調整するということになる。こう考えれば、その間に原子の斜傾運動を設定しなければならない理由はない。いったい、斜傾運動がなかったら、エピクロスの倫理学は決定論になるのだろうか。それ抜きでも、立派に成立しているではないか。それどころか、ほんとうに決定論と自由論は相容《い》れない関係にあるのだろうか。これは倫理学の学習者にとって最大の難問である。

まず、ラエルティオスが伝えるエピクロスの快楽主義を総括的に紹介しよう。

エピクロスの快楽主義

先述したように、エピクロスは感覚と感情を真理の標識とした。感情つまり影響の受け方は快と苦のどちらかであって、その中間はない。だから、快とは苦のないことである。もちろん、苦のないことがすべて快となることはない。死は苦のないことであるが、死を快とするわけにはいかない。もし死が快だとしたら、エピクロスは自殺を勧めることになる。しかし、苦がなく意識をもって生きること（――植物状態のようにただ生存しているのではなく、意識をもつ者にふさわしい生き方――）は快である。すべての知覚者には感情がともなう。知覚をもつものは、快・苦どちらかの仕方で影響を受けることによって、価値と無価値とを把握する。この把握は論理以前のもので、具体的には受容と忌避の形をとって現れる。これは感情の事実である。このように快楽が善であることは明白なのだから、何が善であるかについての議論は無用である。そこで、どういう生き方がいちばん快いかという点が議論の中心となる。

どういう生き方がいちばん快いかを評定するにあたって、エピクロスは、身体的快楽にも精神的快楽にも二種類の快楽（動的快楽と静的快楽）があるとした。動的快楽とは、苦の状況から苦の除去された状況への変化にともなって生じる快楽である。静的快楽とは、苦がなくなり変化の原因が消滅してしまった状態にともなって生じる快楽である。一般に、苦が除去された点を超えて快楽が増大することはない。身体的快楽の場合には、苦の原因となっている要求が除去されたとき、その限界に到達する。精神的苦は悲嘆や恐怖によって生じるので、そういう情緒を起こさせた原因を省察し、それがなんでもないことを学習することによって苦は除去される。どちらにせよ、苦の除去という限界点を超えて増大することはない。苦を脱した生活は、そうでない生活に比較して、ずっと快いのである。

道徳の教師を自任するエピクロスにとっては、快の生活が実際に獲得されるのか、獲得されるとしたら、その獲得方法はどういうものか、が問題であった。目によって得られる快楽と耳によって得られる快楽の比較考量などは問題にならなかった。身体レベルで言えば、われわれはいつも苦を味わっているのに、苦のない生き方がありうるのかどうかが問題であった。これに答えて、エピクロスは、「きびしい苦痛は短期間のものであるし、長期間の苦痛の場合にはその間に快楽が苦痛よりも多いこともあるのだから、不可避な病苦も重視しなくてもよい」[52]と言う。その他の身体的要求（飢えや渇き）は容易に充足されるのだから、問題ではない。精神的苦の場合では事情がこみいっている。その大部分が情緒による。たとえば、恐怖は、身にふりかかる禍《わざわ》いを予断することから生じる。その予断は、人間や宇宙の本性もしくは快の本性についての誤った信念に基礎をおいている。死の恐怖でもそうだ。人間および霊魂の構造を正しく理解すれば、死の恐怖からまぬがれることができる。霊魂は精緻《せいち》な原子でできており、死に際しては霊魂原子を納める鞘《さや》（身体）がその原子を納めておけなくなり、霊魂原子は拡散する。拡散とともに感情（快・苦）も消滅する。だから、死は禍いではなく、恐れるべきものでもない。病や名誉欲に由来する苦の情緒も同様だ。満たされない名誉欲にともなう苦悩の除去には、誤った信念が説得によって捨てられ、正信をもつことが必要である。どちらにせよ、精神的苦は誤信に基づくので、誤信を正信に転換することによって除去される。

以上がラエルティオスが伝えたエピクロスの快楽主義の総括である。

エピクロスに押しつけられた快楽主義

エピクロスという名を聞けば、すぐ快楽主義が連想される。学園には、多くの美女が参加しており、淫靡《いんび》な情景が目に浮かぶ。エピクロスの女性への甘い言葉も残っている。エピクロスは感覚的快楽を重視したのだろうか。上記のラエルティオスの伝える快楽主義には、そんな印象はなかった。感覚的快楽重視をエピクロスに押しつけたのは、きっと誤解か悪意によるものであろう。

アテナイオス（——ストアのポシドニオスに学び、前一世紀のプネウマティック医学を創始した人物——）は次のエピクロスの言葉を紹介する。「味覚による快、性愛による快、音楽を聞いて得る快、踊る美女を見る快、これらを除いたら、何を善と考えたらよいのか私にはわからない」[53]と。さらに進んで、「胃の腑《ふ》の快はすべての善の始めで根であり、知や文化もこの快楽を参考にする」[53]と。これらの言葉は、エピクロスが感覚的快楽を重視したことを示している。ところが、ラエルティオスでは、エピクロスは「精神的苦は身体的苦よりも劣り、精神的快は身体的快にまさる」[54]と言う。どのように解釈したら、この両者は調和するのだろうか。

エピクロス主義の反対者なら、悪意をもって、エピクロスを道楽者の生活を唱道する人物に仕立てるだろう。これは論外としよう。それにしても、確かにエピクロスは感情を真理の規準にした。この立場に立てば、肉体はいちばん鮮烈な快苦の感情を経験するのだから、感覚的快楽を第一に考えても不思議ではない。その感覚的快楽が道楽（＝感覚的快楽の耽溺《たんでき》）にならないようにするにはどうしたらよいか。食べすぎれば、消化不良や便秘を起こす。それを避けて節食するとする。この方法は、道楽に付随してくる苦を快楽計算によって計算している。この方法によって到達されるものは、快も苦もないいわゆる快楽主義的零《ヘドニステイツク・ゼロ》である。これはよくエピクロスに押しつけられる考え方である。いったい、エピクロスはそんな状態を考えていたのだろうか。彼は、感情つまり影響の受け方は快・苦のどちらかで、その中間はない、と言った。だから、快も苦もない状態はないことになる。快楽主義的零の思想はエピクロスの思想ではない、と言うほかはない。

エピクロスは、「肉体の叫びは、飢えないこと、渇かないこと、寒くないこと」と言う。身体的善と考えられる感覚的快楽は明らかに道楽のことではない。アテナイオスの紹介した言葉にしても、味覚その他による快がそのほかの快よりも重要である、とは言っていない。胃の腑の快が善の始めで根であるという言葉も、胃の腑の快を抜きにしては善い生活は考えられない、と言っているだけである。それ以外の快は不必要だとも、快の間の優劣についても論じてはいない。確かに、誤解を招きやすい言葉ではある。しかし、あえてこの言葉を用いて伝えようとしたエピクロスの真意は何であったか。おそらくそれは、感覚的快楽および富その他を含めた世俗的な善いものを頭から否認する立場に対する攻撃から発したものだろう。彼の目には、そんな立場は極端な心身二元論に立脚するものとうつったであろう。精神も身体もともに原子から構成されているという原子論に立脚すれば、感覚的快楽を蔑視するいわれはない。誰だって、飢えは頭痛を起こし集中力を失わせ、短気を誘発することを経験的に知っている。胃の腑が苦をまぬがれるための最低条件の充足は不可欠だ。よく調整された食物の摂取は調和のとれた生活の基礎である。胃の腑の快がすべての善の出発点で根源であるという主張に不思議な点は何もない。そうかといって、その主張から、胃の腑の快よりも重要ですぐれた快はない、という結論は出てこない。

動的快楽と静的快楽の解釈

先述したように、エピクロスは動的快楽と静的快楽とを区別した。これをめぐって従来からの解釈がある。まず、動的快楽とはどんな快楽なのかは自明であって、それには一切の感覚的快楽、誤信から正信へ移行するための学習のような精神的快が含まれるとされてきた。この点で一致した上で、静的快楽の本性および静的快楽と動的快楽の関係を考察するのだが、そこで見解がわかれてきた。**第一の解釈**はこう言う。すべての感覚的快楽は、善いもの、ひいて苦を感じている器官（胃や喉《のど》）での苦のない状態を求める。つまり、すべての動的快楽は静的快楽が出現してくることを予想している。だから、各器官には動的快楽に先行する静的快楽がある、と。**第二の解釈**はこう言う。静的快楽はもっと積極的なもので、苦痛や不安から解放されていることにともなう**喜悦**の状態である、と。どの解釈も、感覚的快楽は動的快楽であるとしてしまったので、論争点は、静的快楽をどう考えたらよいか、および、精神の平静《アタラクシア》と身体の無苦《アポノイア》を静的快楽として一括し、あえて快楽と呼んだのはどういう理由によるのか。この二点にしぼられることになった。

第一の解釈は、静的快楽を苦痛や不安のない状態というように消極的に解している。すると、エピクロスはどうして「徳とは一種の無感動《アパティア》であり寂静《エーレミア》である」[55]と言った人物（――おそらくスペウシッポスのことだろう――）に賛同しなかったのか、その理由がわからなくなってしまう。**第二の解釈**は静的快楽を積極的なものと解釈したので、前記の人物に賛同しなかった理由を明らかにする。それにしても、エピクロスは、動（＝感覚）的快楽との対照をはっきりさせるために、どうして特別な用語で最高善を表現せずに静的快楽という用語を用いたのか、この問いは未解答のままに残る。実際、エピクロスは、感覚的快楽を除いたら、善いものが何から成りたっているのか知ることができない、と言っている。エピクロスは、どうして明白に相違していて無関係な事がらをまぎらわしく同じ快楽の語で表現したのだろうか。上記の二つの解釈は、感覚的快楽は動的快楽であって、静的快楽（平静と無苦）はそれとまったく違う別種のものだ、としてきた。この前提が誤っているのではないか。この前提を設けた上で、さらに快楽とも呼べない静的快楽の優位性を認めるならば、エピクロス主義は快楽主義でなくなってしまうだろう。

キケロは、前掲のアテナイオスの引用句をも含めて、エピクロスの言葉を紹介する。「『味覚による快、……これらを除いたら、何を善と考えたらよいのか私にはわからない〔前掲〕。さらに、精神の喜悦だけを善いものと考えることもできない。というのは、私の理解する限りでは、精神が上記のすべての快に対する希望——自然は完全に苦なしでそれらの快を獲得するという希望——をもっているとき、精神は喜悦の状態にあるのであるから。』これはまさにエピクロスの言葉であり、誰だって彼が快楽と認めていたものを理解できるだろう。その少しあとで、エピクロスはこう言う。『私は賢人と呼ばれる人びとに、彼らが空語を弄《ろう》することを望まないとして、もし上記の快楽を除いたら、善いものの中に何が残るか、としばしば聞いた。私は彼らから何も学べなかった。もし彼らが美徳や知恵について高言することを望んでも、その美徳や知恵が上記の快楽が達成される仕方を意味しないとすれば、彼らは何も語らないことになろう。』」[56]

既述の二つの解釈は、感覚的快楽を除いても静的快楽（平静と無苦）が残る、と解釈した。この解釈が問題なのだ。キケロの文章は、感覚的快楽を除いたら、何を善いものとしたらよいのかわからない、と言っている。静的快楽は、身体的には苦なしで感覚的快楽をもっている状態のことだし、精神的には苦なしで感覚的快楽が獲得できることを確信して落ち着いている状態のことである。精神の攪乱《かくらん》のなさ（＝平静）が必要なのは、快楽が誤解によって台なしにされやすいからである。誤解は、死・神・美食・身体的快楽の限界・長命への欲望をめぐっての誤信に由来する。誤信は精神を攪乱する。精神の平静（＝攪乱のなさ）を達成するためには、誤信を除去して正信を獲得することが肝要である。正信こそ快適な生涯への確かな希望をもたらし、不安を除去する。精神の平静は、身体的に無苦で感覚的快楽にみちた生涯を約束するのである。エピクロスはやはり快楽主義者なのである。自然的で必須な欲望を充足することにともなう動的快楽が完全に入手できることを確信し、精神的には誤信にわずらわされずに落ち着いていること、これがエピクロスの理想の生き方であった。

Ⅲ　ゼノンの生涯とストアの著作

ゼノンの生涯

ゼノンの誕生　エピクロスに遅れること五年、前三三六年にゼノンはキプロス島のキティオンに生まれた。この島の東端とシリア岸のウガリット（ラス-シャムラ）とは一〇〇キロメートルの距離しかない。一九五九年来の発掘によって、現在のラルナカで前一三世紀から前一〇世紀にかけてのアカイア人後期青銅器文化の特色をもった集落遺跡が確認された。前九世紀には、フェニキア人がこの地に植民し、旧遺跡にあったミケネ期の神殿はアスタルテ神殿として更新され、前四世紀末まで保存された。ラルナカは往時のキティオンで、フェニキア人のキプロス島における重要拠点であり、対岸のチレやシドンと深い関係をもっていた。そこから出土した貨幣によって、ここにはフェニキア人の世襲王制（――バーメルクからプミアトンに及ぶ――）があり、その最後の王は前三一二年にアレクサンドロス後継者の一人エジプトのプトレマイオス一世に退位させられている。都市の守護神はメルカルト（ヘラクレス）であり、言語は碑文から推察してフェニキア語であった。この島の東北に位置するサラミスはキプロス島におけるギリシア人の拠点であったので、ギリシア文化の影響もこの地に及び、住民はフェニキア語以外にギリシア語にも習熟していたろう。

ゼノンの父はムナセアスである。この名前はフェニキア語のマナッセもしくはメナヘムのギリシア語化によって作られたものと言われる。ゼノンは間違いなく完全なセム族出身者である。アテナイでは黒髪の痩《や》せた若者として目立ち、彼の師のクラテスは彼をフェニキアの若者と呼んでいる。ゼノンの母国語はフェニキア語であった。しかし、既に両親の下でギリシア語やギリシア文化にも通じていた。ムナセアスは大商人で、交易相手国のアテナイをしばしば訪れていた。ゼノンの生まれた前三三六年には、アテナイは、キティオン出の商人がピレウスにアスタルテ（＝アフロディテ）の神殿を建立することを許可している。ムナセアスはアテナイでソクラテスの著作を買い求め、息子への土産とした、という話が

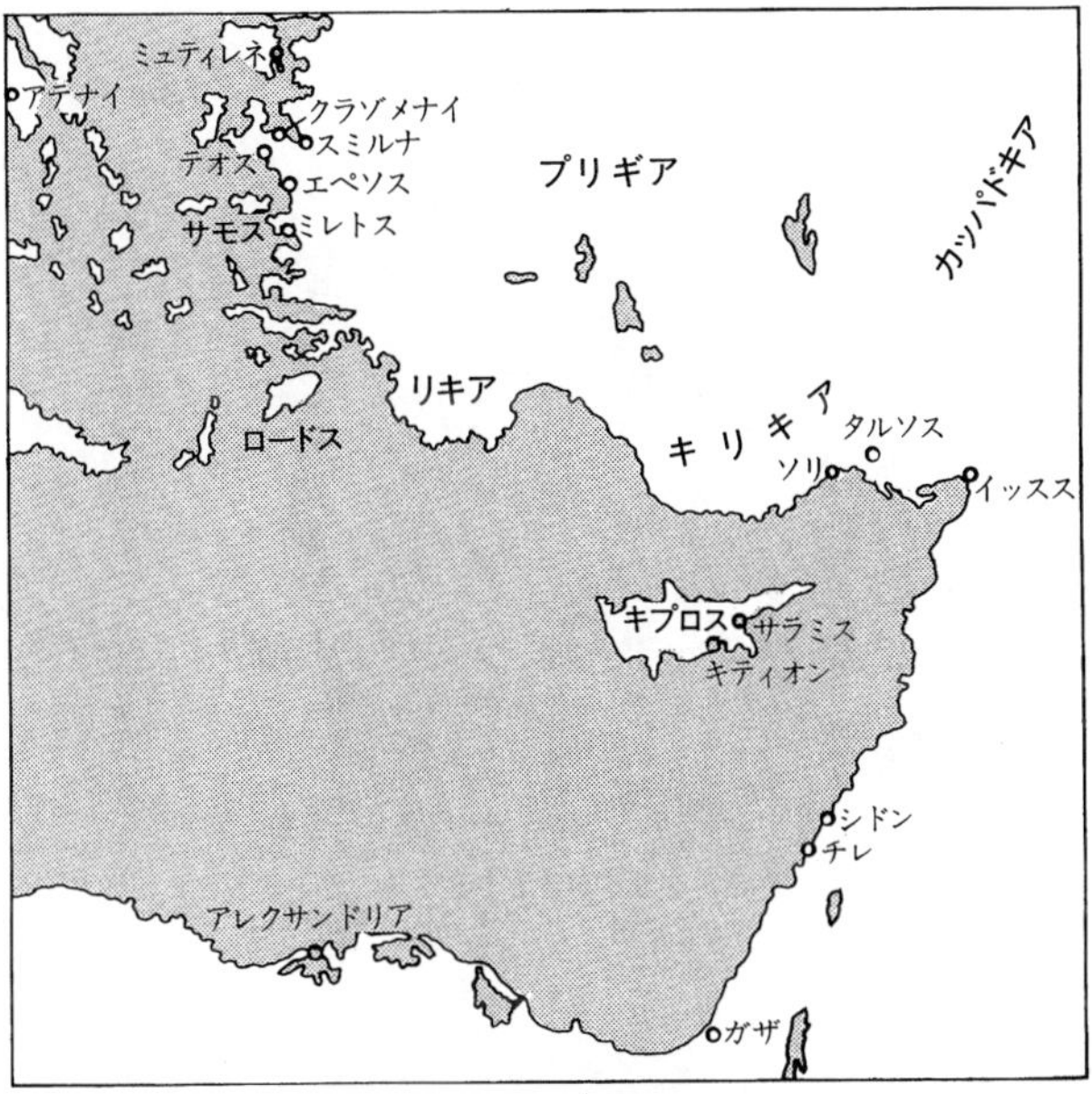

ゼノン関係地図

ある。この話はおそらく真実であろう。

クラテスとの出会い

前三一一年、二〇歳代のゼノンはアテナイに来住した。伝承によると、彼は商人として紅紫染料を積んでフェニキアを出発したが、ピレウス港外で難船し、やっとアテナイにたどり着いた、と言われている。犬学派のクラテスとの出会いについてはこんな話がある。ゼノンはアテナイの書店でクセノポンの『ソクラテスの思い出』第二巻を通読して大いに感激し、三〇歳の店主に「ソクラテスのような人物はどこへ行ったら見つかるでしょうか」とたずねた。ちょうどその時、クラテスが店頭を通りかかったので、店主はそれを指さして「あの人について行きなさい」と言った。ゼノンはそれに従った。これがその物語である。別の伝承によると、ギリシアに来たとき、彼は一、〇〇〇タラントンを所持していた、と言われる。この所持金は莫大《ばくだい》なものである。東方遠征に出発したときのアレクサンドロスの所持金は八〇〇タラントンであった。これは兵士の給料一四日分と兵糧一か月分に相当する。金を貸してくれる人もいなかったので、彼は兵士に出世払いを約束して出発したのだった。これを思うと、ゼノンの所持金は莫大なものである。彼はこの金を航海保険業に投じ、その収益でクラテスを財政的に援助した、と言われる。上記の二伝承を比較考量してみると、両方とも信用しがたい。クラテスとの出会いの物語もできすぎであり、おそらく虚構であろう。むしろ、ゼノンは当初から哲学研究を目ざしてアテ

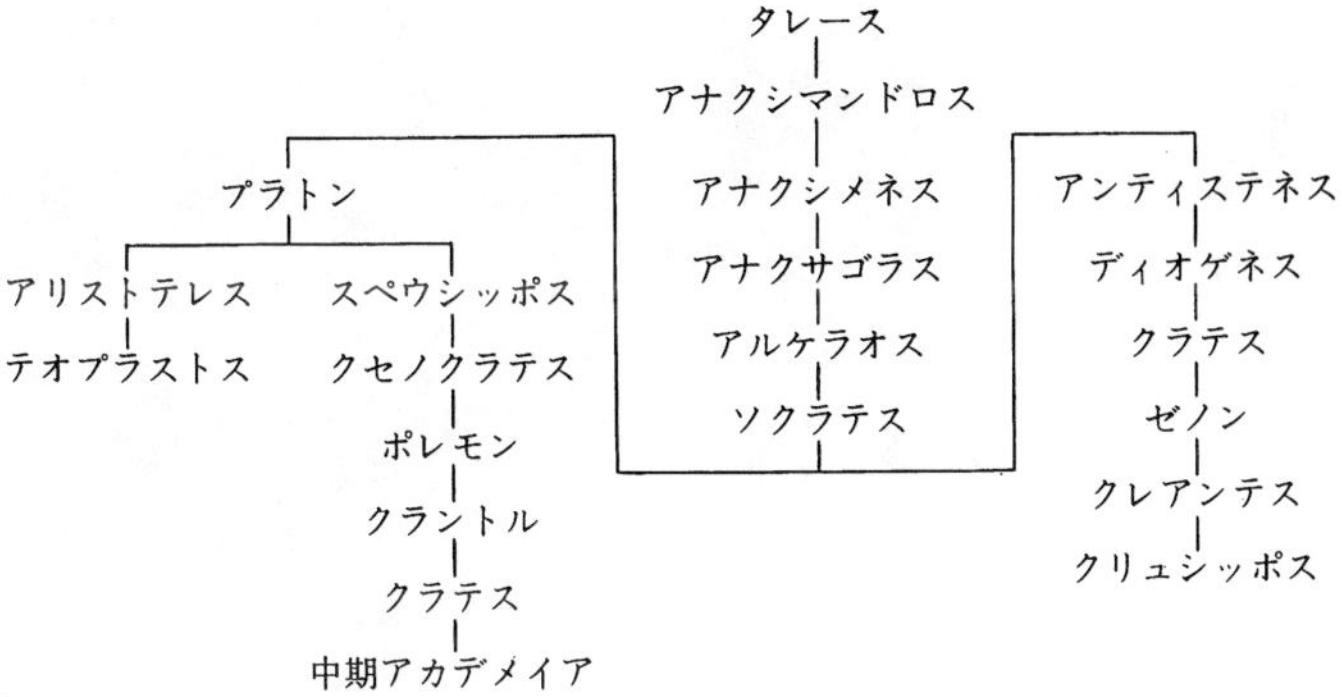

哲学の系譜

ナイに来住し、クラテスを師とした、というのが事実であろう。それにしても、クラテスとの出会いはゼノンの哲学に決定的な影響を及ぼし、方向を決める転機となった。そこで、クラテスとその師のシノペのディオゲネスについて述べることにしよう。

犬学派の影響

ディオゲネス＝ラエルティオスの『ギリシア哲学者列伝』は上図の哲学の系譜を描いている。これは、ソクラテスを哲学諸派の結節点としようとする後代の思想を示している。ストア哲学をソクラテスに結びつける操作は、ディオゲネスとアンティステネスの間に師弟関係を設定することによって果たされている。しかし、現代の研究はこれを否定する。アンティステネスの没年は前三六六年以後ではありえない。他方、ディオゲネスがシノペを退去したのはシノペでの通貨改悪事件以後のことであって、その年代は時代考証によって前三四〇年直前であると論定されている。つまり、両者が出会って師弟関係を結ぶことは時間的に不可能なことなのである。

ディオゲネスはギリシア世界の縁辺、ウクライナの穀物の重要な積み出し港である黒海沿岸の商業都市シノペに生まれた。父はシノペの高官で市民から厚い信頼を受けていたが、愛国的政策を推進しているうちに不当に投獄され、あげく獄死した。累《るい》は息子ディオゲネスに及び、シノペからの強制退去を命じられた。デルポイをたずね、「どうしたら有名になれるか」について神意を伺ったところ、「通貨を変えること」という神託が下った。「私は文字どおりに通貨偽造の罪科で追放された。私の哲学は別の意味で通貨の偽造を人々に教えることだ」。これが彼の信条であった。故郷の都市を追われて家もなく、その日限りの食糧をもって、旅まわりの乞食《こじき》となってアテナイに来た。それは前三四〇年の少し以前のことで、アンティステネスもプラトンも故人となっていた。しかし、前三三〇年頃までにはアテナイの有名人になっていた。そのことは、アリストテレスの著作によって証明される。第一三回オリンピアード（――前三二八年から前三二五年――）には老年になっていたが、没年は不明確である。アレクサンドロス大王と同じ日に没したという伝説は虚構である。おそらく、前

デルポイのアポロン神殿（筆者写す）

三二〇年を少し遅れて没したのだろう。コリントの人々はその墓に犬の彫像を献じた、と伝えられている。

追放されたディオゲネスは、ある日、寝所も捜さず、闇も恐れず、ご馳走《ちそう》も求めないで走りまわる鼠《ねずみ》を見て、哲学に転じた。アンティステネスの著作も読んだことだろうが、アテナイに来たときにはすでに耐乏生活の実践家となっていた。アテナイ来住の当初、ある人に小屋を買ってくれるように依頼状を送ったが、返答を待ちきれず、酒甕《がめ》の中に住むことになった。のちには、神殿の玄関で眠ったと言われる。アスケーシスという語はよく禁欲と訳されるが、本来は困難に身体を慣らす訓練《アスケーシス》にはげむ生活様式のことである。禁欲という訳語は適切ではない。実際に、彼は、夏には熱砂の上を熱くなった甕《かめ》にはいって転げまわり、冬には雪をかぶった石像に抱きついた、と言われている。この訓練は、有徳的な行為を無制限に行えるように知覚をつくり上げる肉体的訓練であって、彼はその肉体的訓練と精神的訓練の間には相互依存の関係があると信じていた。つまり、余剰の快楽を退け、原始人や動物のように最低の生活をするなかでこそ、真の快楽が認められる、というのである。ディオゲネスは、これを自然に従っての生活と呼んだ。自然という語には普遍的・理性的な原理という意味も含まれているが、ディオゲネスの場合では上記のように必要なものだけでの生き方が示唆されている。

自然《プュシス》と人為《ノモス》とは相互に背反する。この思想は前五世紀末以来ギリシアの思想界にいきわたった思想であった。自然の生活を賛美したディオゲネスが人為を攻撃する羽目になったのは当然である。その人為の中でいちばん強力なものはポリスという社会制度を柱にし、それにまつわりついている習俗、さらにそれを支える諸観念である。ディオゲネスの生活実践は、そういう社会にまつわる価値観に対する憎悪を示すものだった。あげく、彼はこれまで聞いたこともないような痛烈な批判をポリスに向けた。ソクラテスと違って、家族もなく、市民の身分にともなう絆《きずな》ももたず、母国の伝統とも無縁な被追放者であったので、いっそうむきだしに罵言《ばげん》を口にした。この世界は愚者の世界で、価値の規準も狂っている、と確信し、「価値あるものが無価値なものと交換され、その逆も成立している。とにかく、彫像は三、〇〇〇ドラクマもするのに、四リットルの大麦粒は銅銭二枚で売られている」と言った。通貨改変の神託はこれに関係がある。流通している政府通貨は真正の価値尺度と適合しないままに刻印されているのだから、粗悪な通貨なのだ。必要なことは、そんな通貨を鋳つぶして流通から締めだし、新しい通貨つまりは新しい価値を流通させることなのだ。彼はこの神託の趣旨に則《のっと》って、人々を真の生き方へと転換させせようとした。その手段として、ソクラテスが無知をよそおい問答法を用いて相手の自覚を促したのに対し、自然的生活にともなう快楽を身をもっての実践によって示し、人為からの背向を迫ったのである。実践的訓練の結果、恐れるものは何もなくなり、発言の面では露骨で無遠慮で率直となり、行動の面では厚かましく恥知らずとなった。行動面での恥知らずは、ディオゲネスの学派に犬《キユン》の綽名《あだな》がつけられる機縁となった。

「公衆の面前でなんでもやってのけるのが彼の習慣であった。デメテルの業（出産）もアフロディテの業（交接）も」と伝えられている。それどころか、彼は近親相姦や人食いのような禁忌をも自然的であるとして擁護した。

ディオゲネスは、ポリスによって個人に課せられる一切の強制に対して反発した。「どこの出身か」と問われたときの有名な返答は「私は世界の市民だ」というものだった。この返答は、たまたま、アレクサンドロスが人種を超えた大帝国を建設しようとしていたときに発せられた。そこで、

アレクサンドロス（右）とディオゲネス

研究者は、**犬学派**の影響が大王に及んだのではないかと考えて、諸方面から検討した。だが、この考えは成立しそうもない。大王は軍事・政治のどの面であろうと他人の忠告を受けいれるような人物ではなかったろう。事実、帝国の支柱であった二大観念（——人類は兄弟という観念および王は生きた法であるという観念——）はディオゲネス哲学のなかには見当たらない。大王の世界市民の観念はローマ帝国やカソリック教会に受けつがれ、現代においてさえ温かい情緒をかきたてる観念である。それに比べて、ディオゲネスの世界市民の観念は、私はどのギリシア都市国家の市民でもないという消極的

な観念である。「一切の事物は賢人の財産だ。けだし、一切の事物は神々に帰属しており、神々は賢人の友であり、友は全財産を共有するのだから。だからして、一切の事物は賢人の財産である」。この発言では、賢人とそうでない者とがはっきりと区別されている。賢人だけが世界の中の真正な国制の中で市民となりうる。さらに、賢人は自足していて他人を必要としない。したがって、支配者をも必要としない。ディオゲネスの世界市民の観念は理想国の市民としての自足的賢人を指している。そこには、極端な個人主義が認められる。

クラテスの信条

ディオゲネスの弟子でゼノンの師であったテバイのクラテスに移ろう。その盛年は第一一三回オリンピアード（――前三二八年から前三二五年――）で、そのときディオゲネスはすでに老いていた。はじめ富裕な人であったが、**犬学派**にはいる際、ディオゲネスの忠告をいれて、農地を羊牧場にして放棄し、所持金を海に投じた。この行為はアレクサンドロスのテバイ破壊（前三三五年）以前のことであるはずだから、ディオゲネスからの影響は前三四〇年から前三三五年までの間のことと算定される。余生の大部分をアテナイですごし、前二九〇年の少し以前に没した。彼は、誰の家であろうとかまわずに訪問し、いつもその家人から歓迎されたので、戸口を開く人という綽名をつけられた。経歴からわかるように、テバイの支配者から不当な扱いを受けていなかったので、ディオゲネスに比べて性格ははるかに温和で、毎日が休日でもあるかのように冗談と笑いの生涯を送った。ディオゲネスの峻烈な攻撃は彼によって柔和なものに変わった。その生涯の事件の中でアテナイ人をいちばん驚かせたのは、犬の結婚の事件である。ヒッパルキアは、その名前から推察すれば、貴婦人であった。クラテスの講話と人柄にすっかり魅了され、許婚者を見向きもせず、結婚してくれなければ自殺すると言ってクラテスに迫った。彼女の兄メトロクレスはクラテスに、結婚を断念するように彼女を説得することを依頼した。クラテスはそれを承知し、それに努めた。しかし、功を奏せず、彼女はますます燃えあがっていった。遂に、クラテスは彼女の前で素っ裸になり、「これが花婿だ。持ち物はこれだけだ。さあ、選びなさい。貴女が私の求めているものを分かち持たないなら、貴女は決して私の妻にはならないだろう」と言った。この切り札も失敗し、彼女は自分も素っ裸になり、自分の意志どおりにその場で結婚した。これが有名な逸話である。この事件の正確な年代は不明である。だが、彼女の兄メトロクレスは犬学派に転じる以前にはリュケイオンでテオプラストスに学んだという事実から推して、前三二三年以後のことであるのは確かである。現代の考証は、前三二〇年から前三一〇年の間の事件である、と論定している。おそらく、クラテ

旅回りの犬学派

スが五〇歳前後、ヒッパルキアが二〇歳前後であったろう。それ以後、彼女は**女性哲学者**という綽名をつけられ、犬学派の衣服をまとい、夫の行く所へはどこにでもついて行った。この事件は、犬学派の清廉潔白と厚かましく恥知らずの面を示している。とはいえ、なにかやさしさが漂っている事件である。

ディオゲネスが**自足**を地でいく生活を送ったのに対し、親切なクラテスは**人間愛**を地でいく生活を送った。贅沢《ぜいたく》がポリスの革命や僭主を生むと警告し、**簡易生活**を推奨した。「簡易こそ熟慮の子であり、正義の道を求める者は簡易の徳を認める」。簡易生活こそ幸福すなわち**脱感情**《アパテイア》への道である。幻影にすぎない臆見や名声（――アカデメイアのクセノクラテスはこれを求めた――）が無価値なことを告げる哲学の修得と簡易生活の訓練こそ人々を理想郷にはこぶ。「わが友よ。レンズ豆やそら豆を集めよ。そうすれば、君はすぐに欠乏と貧困に対する勝利のトロフィーを高く挙げるだろう。どこにあっても、貧困は敵というよりは友とみえる。私は微賤と貧困の国の市民。運命に対しては難攻不落」。犬の哲学者クラテスの信条はこの一句にこめられている。

アカデメイアとメガラ学派の研究　まわり道をして、ゼノンがアテナイで最初に接したクラテスと犬学派について述べた。この学派はストア哲学に大きな影響を与えたので、無視することができなかったからである。ゼノンは遠慮深い人物であったので、犬学派の厚かましさと恥知らず

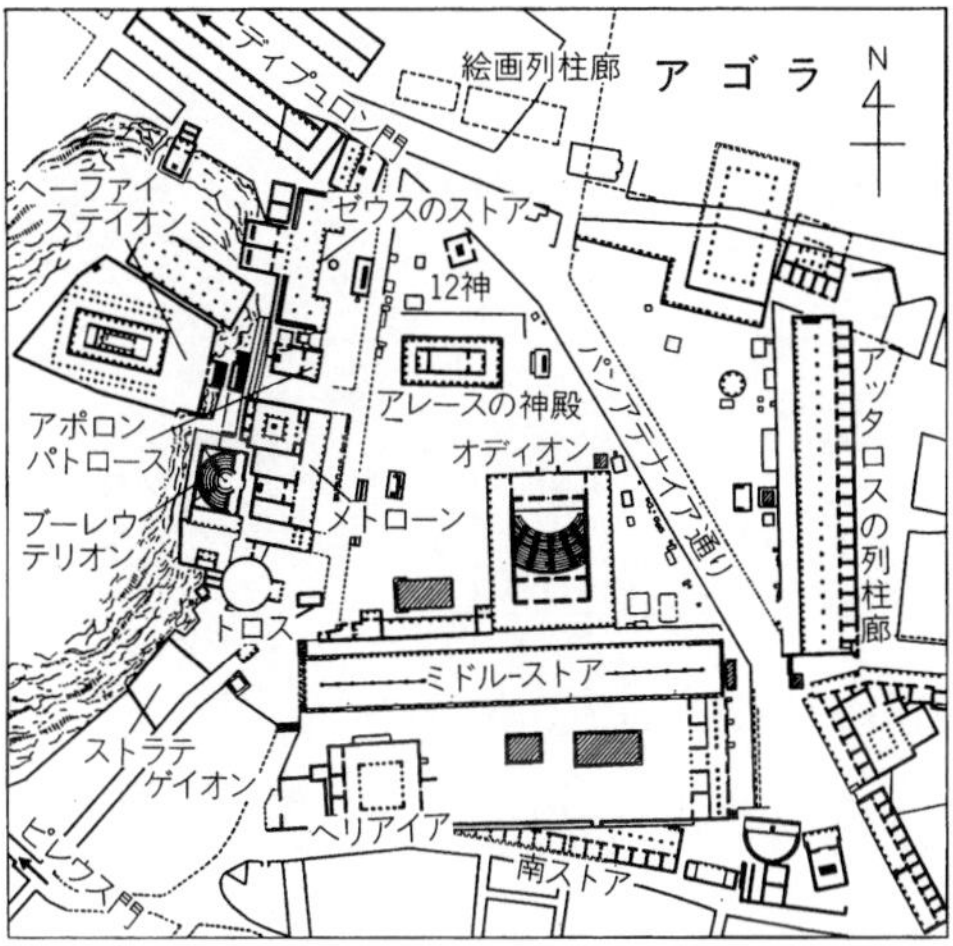

前2世紀のアゴラ

にはついていけなかったろう。最初の試練が彼に下された。クラテスは、ゼノンの欠点をなおそうと考え、レンズ豆のスープをもってケラメイコスを通るように命じた。ゼノンが恥ずかしがって人目につかないようにしたとき、クラテスは杖《つえ》で壺を割った。ゼノンが足にスープをこぼしながら逃げ出したとき、クラテスは「フェニキアの若者よ、どうして逃げるのか。こわいものは何もないではないか」と言ったという。しばらくクラテスの教えを受けていた間に、ゼノンは『国家』を書いた。その内容には犬学派の傾向がみられる。すなわち、真の国家は善良で有徳な人物によって支配されているという伝統的観念を放棄し、通貨・神殿・結婚の廃止を訴えている。そこには、外的なものに対する無関心、人間の幸福の唯一の源泉としての理性の確認、コスモポリタニズムとそれにまつわる道徳的理想主義の強調が一貫して流れている。ストア倫理学の基調は犬学派の主張なのである。ゼノンは、犬学派がいわば否定的態度によって擁護していたものを首尾一貫した哲学体系の中で示そうとしたのである。

クラテスの下で学んだのち、ゼノンはアカデメイアや

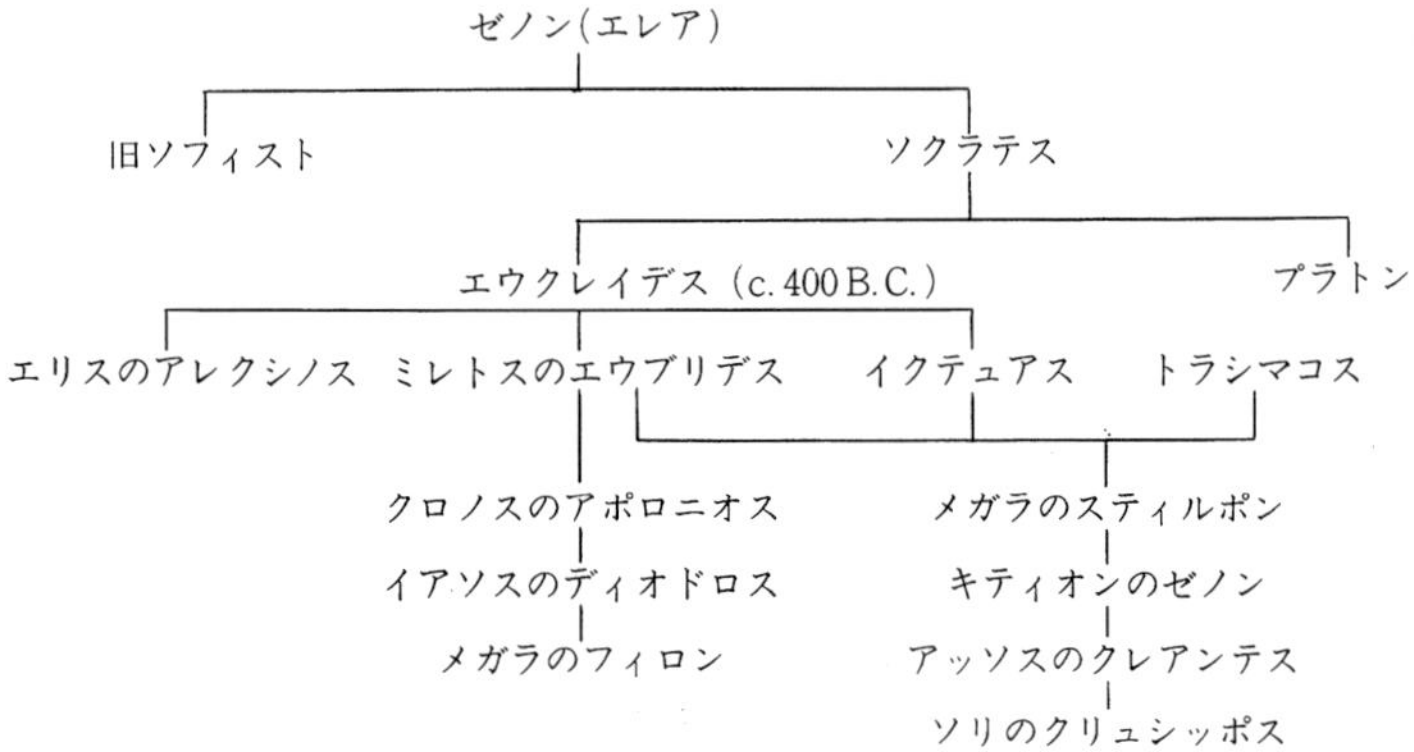

メガラ学派とストアの系譜

メガラ学派の研究へと進んでいった。伝記は、ゼノンがクラテス、スティルポン、クセノクラテス、ポレモンを師として二〇年間、研究に精励したと伝えている。しかも、この間、ソクラテス以前の自然学を研究した。「最善の生活に至るのに何をしたらよいか」と神意を伺ったところ、「死者の色をまとえ」という神託が下った。ゼノンはこの神託の意味を理解し、死者すなわち先哲、とくにヘラクレイトス研究に没頭した。

　メガラ学派とストアとの関係を系譜的に示すと、上図のようになる。これが現存資料から知り得るすべてである。クリュシッポス以後では、ストア派は繁栄したが、メガラ学派は消滅し、記録に残るほど著名な論理学者は出ていない。論理学の面では、メガラ学派のほうがストア派よりもすぐれていた。そのことは、メガラ学派には三名の著名な学者が認められるのにストア派には一名しか認められないことから明らかである。また、重要な論理学の理論はメガラ学派の三名に帰していて、クリュシッポスには何も帰してはいない。ゼノン自身はディオドロスに論理学を学び、その著作目録の中にも論理学に関する著作の題名が残っている。彼が形式論理学を用いて自説を提示したことは確実である。一般に、ストア派の全哲学活動はメガラ学派の弁証論を採用して、自派の論理学を育てた。正確には、メガラ・ストア論理学と呼ぶべきであろう。論理学についてのクリュシッポスの業績は高く評価され、「もし神々が論理学をもっているとしたら、その論理学はクリュシッポスの論理学であるに違いない」と喧伝《けんでん》されていた。こういう記録にもかかわらず、その論理学がどういうものであったかという点になると、両学派の著作はすべて失われており、はるか後代の報告（――セクストゥス＝エムペイリコス、ディオゲネス＝ラエルティオスの報告――）しかなく、断片的な知識しか得られない。

ストア派の形成

前三〇一年、ゼノンはストア－ポイキレーで講義をはじめた。この柱廊はかつて三十人僭主が一、四〇〇人のアテネ市民に対する死刑判決を下した場所で、浮浪者を退去させるために絵画で飾られていた。人々はゼノンの講義を聴きにここに集まり、その人々は柱廊《ストイコイ》の人々と呼ばれた。以前ゼノネオイと呼ばれていた弟子たちもストイコイと呼ばれるようになった。ゼノンが講義をはじめた動機としては、エピクロスの学園での講義にうながされたからだと伝えられている。この伝承をくつがえす証拠はない。

弟子の数では逍遙学派に及ばなかったが、始祖ゼノンの個人的影響と弟子たちの熱心さによって、ストア哲学はアテナイで広く尊敬されるようになった。アテナイ人がゼノンの人柄を尊敬していたことは、アレーニダスがアルコンの年（前二六五年）に、民会を通過した令旨によって知られる。その内容は、ゼノンの教えを受けた青年に徳と自制を勧めて最善なものへと導いた功績を賞して、法に定められた黄金冠を贈り、ケラメイコスに公費で墓を作る、というものであった。この令旨では、生前の黄金冠贈与と死後の公葬の二令旨が混在して一令旨となっているが、ゼノンに対する表敬儀礼を明示している点は疑う余地がない。また、浴場再建功労者の一人として円柱に**哲学者ゼノン**と刻名されている。この時にはキティオンのと付加してくれるように願い出たといわれる。このこととアテナイ市民権を固辞したこととは重なっていて、キティオンの市民に深い感銘を与え、キティオンのアゴラにはゼノンの像が建てられた。ゼノンの行為が純粋な愛国心から出たものか、それとも、一切の都市による差別は無価値であるという信念から出たものか、いまとなっては確認のしようがない。

ゼノンとマケドニア王

晩年には、ゼノンの名声はアチカを越えて広まった。マケドニア王アンティゴノス二世（ゴナトス）とも親しくなった。前二七一年以後、アテナイの政治は親マケドニア派によって掌握されていたが、他方ではアテナイ独立を目ざす国家主義者がエジプトのプトレマイオス二世の援助を受けて運動を展開していた。穀物不足になやむアテナイには黒土地帯とナイル河流域のどちらかによる穀物補給が不可欠である。その補給路はアンティ

プトレマイオス２世とアルシノエ（妻）

アンティゴノス２世

ゴノス二世とプトレマイオス二世によって抑えられていた。マケドニアを攻撃して独立を獲得するためには、エジプトの援助は不可欠であった。アンテイゴノス二世とプトレマイオス二世の側でも、アレクサンドロスの帝国の後継者として君臨するためには、アテナイを先頭とするギリシア諸都市を味方にすることが必要であった。こうして、アテナイは政治的葛藤《かっとう》の舞台となり、王位要求者たちは、自由を約束したりあるいは露骨に黄金を授与したりして、アテナイの懐柔につとめた。デモステネスの甥《おい》デモカレスがリュシマコス、プトレマイオス、アンティパトロスの宝庫から黄金を引き出したのはこの時期のことである。こんな時期であったので、王位要求者たちは、アテナイの青年層に広い影響力をもつ人物に対しては謙虚で鷹揚《おうよう》な態度で接し、その機嫌をとり結ぼうとしていた。アテナイにきたエジプトの使者もゼノンを含めて多くの人を食事に招待した。ゼノンは沈黙していた。使者は「君のことをどのようにプトレマイオス二世に伝えようか」とたずねた。「自分の舌を動かさないでおく術《すべ》を心得ている人間が一人いたと伝えよ」というのがゼノンの答えであった。使者は、ゼノンとアンティゴノスの親交を承知のうえで、あえて意地悪い質問をしたのだ。ゼノンの返答は政争の渦中にまきこまれない賢人の立場を表明したのである

アンティゴノスとゼノンの親密な関係は両者間の往復書簡によってよくわかる。「拝啓 アンティゴノス王より哲学者ゼノンへ 幸運と名声の点では私は貴下よりも勝っていると思うが、理性と教育の点また貴下が達成した完全な幸福の点では私は貴下に劣ることを認める……」ではじまる書簡は、自分を含めマケドニア人全部の教師となるためにゼノンの来訪を懇請している。これに対し、ゼノンは八〇歳の高齢のゆえに懇請にこたえられない事情を述べて、かわりに二人の弟子をマケドニアに送っている。アンティゴノスはアテナイを訪れたときにはいつもゼノンの講義を聴き、宿舎に招待したようである。

ところで、右の往復書簡から推定されるゼノンの年齢はほかの伝承と大幅にくい違っている。アンティゴノスが王となったのは前二八三年で、この書簡がその直後のものとしてその時ゼノンが八〇歳だとすると、前二六四年の没年は九八歳ということになる。それに対し、より確かなペルサイオスの伝承によると没年は七二歳となっている。この伝承から書簡当時の年齢を逆算すると五六歳となり、前記の年齢と大きくくい違う。現在では、書簡からうかがえる年齢はまがいものとされている。実際には、この書簡は前二七八年以後のものと論定されている。

さて、前二六七年、アテナイの親マケドニア政権は倒壊し、グラウコンを指導者とする国家主義

者が政権を握った。エジプトはアテナイおよびスパルタと結び、ここに都市同盟が成立した。同年九月、グラウコンの実弟でゼノンの弟子クレモニデスは、「いまこそ、プトレマイオスに頼ってギリシアを解放する好機だ。アテナイとスパルタは昔のペルシア戦役でのように組むべきだ」と宣言した。これはマケドニアに対する宣戦と同じだった。イスツムスを抑えていたアンティゴノスは戦いを好まなかった。しかし、猶予はしなかった。前二六六年、まず、アテナイに侵攻した。スパルタ王アレオスはペロポネッソス軍を率いて北上し、エジプト海軍はスニオン岬に集結した。アンティゴノスは迂回《うかい》してアレオス軍を攻めた。年を越して翌年、アレオス軍が撤退しはじめると、追撃に移り、コリント郊外で撃破し、アレオス王を殺した。同年、北方では、エピルス王アレクサンドロスはイルリアを攻略し、翌前二六四年マケドニアに侵攻したが、かえって敗北した。前二六三年には、エジプト海軍も小アジア方面に去り、アテナイは完全に孤立した。前二六二年、アテナイはマケドニアによって殺戮《さつりく》されることになり、前二六一年のマケドニアとエジプトの和議が成立し、クレモニデス戦は終結した。

ゼノンはこのクレモニデス戦の最中の前二六四年、七二歳で没した。戦いの結末は見なかったが、弟子クレモニデスの宣言が戦いの引き金となったことは承知していたろう。アンティゴノスと親交関係をもちながら、弟子が反マケドニア宣言を行ったことを知って、ゼノンはどういう態度をとったのだろうか。伝承はこれについて何も記していない。アンティゴノスが民会通過の令旨に基づいて、ケラメイコスにゼノンの墓を建てさせたことだけが伝えられている。してみると、ゼノンはアンティゴノスから金銭の贈与を受けても、アンティゴノスの政策を支持し推進するところまではいかなかったのだろう。彼はいつも政争の局外にあって、哲学研究にうちこんでいたのだろう。

その最後については、有名な逸話が残っている。ある日、柱廊を去るとき、彼はつまずいて転倒して、足の指を折った。彼はこれを自然の理の合図と理解した。自然の理を悟らないのは愚者である。自然の理すなわち神的ロゴスと一致するまでに自己高揚するのが賢人の道であることを確信し、拳《こぶし》をもって大地をうち、「いま行く、いま行く。どうして私を呼び出すのか」と語り、帰宅してすぐに息をつめて死んだ。その墓碑銘はこうだった。

「ここにキティオンの友、偉大なるゼノンは横たわる。オッサ山にペリオン山を積まず、ヘラクレスの労に苦しまなかったが、高くオリンポスに登った。これこそ彼が星に至るために見いだした道――つまり、自制の道」

第二代学頭クレアンテス

ゼノンを継いで第二代の学頭となったのはアッソス出身のクレアンテス（前三三一～前二三二年）である。拳闘家の彼は、前二八二年、わずか四ドラクマの金をもってアテナイに来た。ゼノンに会い、高邁《こうまい》な哲学を研究し、その教説は生涯変わらなかった。極貧であったので、夜は人の庭園で水汲みをし、昼は言論の鍛練にはげんだ。告げ口され、裁判所に呼ばれて、こんな頑丈な男がどうやって生計をたてているのか、と問いただされた。水汲みをしていた庭園の主と彼がつぶした肉を売っていた婦人の証言によって釈放された。アレオパゴス会議は満足して一〇ミナの贈与を決議したが、ゼノンがその受けとりを禁じた。若者を連れて見世物を見に行ったとき、風で上衣を吹きとばされ、何にも下着を着けていない事実が露見した。アテナイ人はそれに拍手を送り、彼を称賛した。勤勉だったが、のろまで自然学には向いていなかった。仲間から嘲弄《ちょうろう》されロバと呼ばれても気にせず、「自分だけがゼノンの荷物を運べるのだ」と言った。アリストンが、あらさがしをしているクレアンテスを見て、「君がそんなに叱っているのは誰なのか」と訪ねたとき、彼は呵々《かか》大笑して「白髪で知恵のない老人（自分のこと）だよ」と答えた。パピルスが買えなかったので、ゼノンの講義を牡蠣殻《かきがら》や牛の肩甲骨に書きとめた。その最後はこうだ。歯茎に腫《は》れ物ができ医者に行ったところ、まる二日間の絶食を勧められた。そのとおりにしたら治って、普通食にもどってもよくなった。しかし、彼は、長く生きすぎたと言って、そのまま餓死した。四〇行の『ゼウスへの賛歌』が残された。

第三代学頭 クリュシッポス ソリまたはタルソス出身のクリュシッポス（前二八〇～前二一〇年）が第三代学頭となった。もと長距離走者でクレアンテスに師事したが、師の存命中にその許《もと》を離れた。天賦の才にめぐまれ、どの分野でも秀いでていた。ゼノンやクレアンテスとは違う考えをもち、クレアンテスはドグマばっかり教えたがっているが、私はその証明をするのだ、と広言した。師とよく論争したが、そのたびに悔やむのだった。弁証論の面ではとくに有名だった。物知りだったが、その表現法はまずかった。ずばぬけた努力家で七〇五冊の著作の題名が残っている。もっとも、同じことを再論したり、権威者からの引用文が過多だったりして増えた面もある。酒席では静かな物腰だったが、よく脚をばたつかせた。女奴隷は「クリュシッポスについて言えば、脚だけが酔っぱらっている」と言った。自分自身を高く評価し、「私の息子を誰に託したものか」と問われたとき、「私にだ。私より優れた人がいたら私自身が学びに行くのだから」と答えた。ごう慢な男で、クレアンテスがプトレマイオス王の許へ推薦しても行かなかった。彼の文章も下品でみだらな調子に満ちていた。六〇〇行の『昔の自然哲学者について』では、ヘーラーとゼウスの物語を下品に解釈したので、誰も再読して自分の唇《くちびる》を汚そうとはしなかった。『国家』では、母や娘や息子との結婚を、一、〇〇〇行の『正義について』では、死人の肉を食うことを許している。あとでは、アカデメイアのアルケシラオスの許で学んだ。日常経験に対する反対論を説いたことも、賛成論を展開したこともある。ただし、量や数を扱うときにはアカデメイアの方法を用いた。その最後はこうだ。弟子にお祭りに招待されたとき、水のまじっていない酒を一飲みしたあとで目まいを起こし、その五日後にこの世を去った。別の説では、ロバがイチジクを食うのを見て、笑いすぎて死んだという。

ストアの著作

ディオゲネス＝ラエルティオスが伝える著作の題名からその内容を推察すると、次のように分類できよう。

1 **知識論** 『視覚について』、『記号について』、『語法について』
2 **自然学** 『宇宙について』、『普遍問題』
3 **倫理学** 『感情について』、『衝動あるいは人間の本性について』、『適切な行為について』、『倫理問題』、『自然に従う生活について』、『ピタゴラス問題』、『法について』、『国制』
4 **その他** 『ギリシア人の教育について』、『ホメロス問題五巻』、『韻文の朗読について』、『技巧論』、『クラテスの思い出』

もちろん、これらの著作がまとまった形で残存しているわけではない。古ストア哲学はゼノン・クレアンテス・クリュシッポスの三人によって成立したもので、どの意見が誰に帰属するのかもはっきりしない。クリュシッポスの著作は七〇五冊に及ぶとしても、その内容は後代の人が引用した断片によって推察するしかない。だから、その著作題名を掲げても無意味である。

こんにち、古ストア哲学を研究するのには、まず、アルニム編著『古ストア断片集』四巻（Arnim, H. von: *Stoicorum Veterum Fragmenta*, 4 vols, Leipzig, Teubner）を参照し、その出典を明らかにし、引用者の哲学的立場を考慮しながら、古ストア哲学の大要を構築していくしか方法がない。

Ⅳ　ストアの思想

知識論

独断論の立場

エピクロスと同様に、ストアも独断論をとる。「事物の真理は知られる」という独断論に立つ限り、ストアも知識の規準を提出しなければならなかった。しかし、ストアの場合では、その規準は、われわれの観念の中で真なるものと偽なるものとを区別する標識である。何を対象としようと、すべての知識がこの規準によって検査されなければならないのだから、この規準は、観念内の対象にではなくて、観念形式に求められる。つまり、どういう種類の観念が信頼できる知識を提供するか、観念形式のどの活動が真理を保証するか、が問題とされる。この問題に解答するためには、観念の起源・種類・重要性を研究しなくてはならない。こうして、ストアにとっては、観念の分析を通して普遍的な規準（――これによって観念の真理性が検査される――）を求めることが問題となった。こういうわけで、ストアの知識論を概説する場合には、知識の過程をたどるのが理に合っている。

ところで、ストアでは知識論・自然学・倫理学は一体となっている。そこで、知識の入口である感覚については、その自然学的説明から迫ることにしよう。

感覚の自然学的説明

クレアンテスは、「生誕時の人間は霊魂の**主導的部分**をもち、それは書きこむのに都合よく作られた白紙のようなものである」[57]と言った。引用文中の「都合よく作られた《エウエルゴン》」の語は、人間には外界の報告を受ける潜在能力があって、その能力は成長とともに発達するという意味である。人間は先天的で生得的な観念をもってはいない。しかし、そのことは、霊魂中に能力もしくは傾向性があるということを否定するものではない。

ストアは、**物体**《ソーマ》だけが真に存在すると考えた。物体は内向的作用（収縮）と外向的作用（伸張）によって構成された緊張の場であり、事物の統一と存在はこの二重運動によって確保される。こうして、ほかの生物と同様に、人間も誕生とともに自己を感得し、自己の存続のために本性に合ったものを伸張によって取りこみ収縮によって自己内に確保する。これを親近関係《オイケイオーシス》と呼ぼう。幼児だって甘く暖かいものを認め、それを摂取して満足する。長ずるにつれ利害の尺度を適用して有用物と危険物、高価値物と低価値物とを区別する。この本能的活動からあるものを善と呼び、ほかのあるものを悪と呼ぶ能力が発達し、前者に対しては**諾**、後者に対しては**否**と言う能力も生じてくる。この**親近関係**は知識の領域でも

ゼノン

働く。知識とは、実在する個物の組成・性質・状態をきわめ、個物相互間の関係を析出し、全体を統一的に把握すること、つまりは世界を我《わ》がものとすることにほかならない。こういう知識に至る過程の解明がストアの知識論であることは言うまでもない。

さて、生誕時の霊魂は白紙なのだから、人間の知識はすべて感覚を通して獲得される。感覚は五感の一つが外界の事物から影響を受けるときに生じる。その状況はどうなっているのか。ストアの聴覚についての説明を聞こう。「ちょうど、池に石を投げこむと波紋が円形状に広がるように、発声者と聴聞者の間の空気が衝撃を受けて球形状の波紋をなして広がり、声が耳に届くから聴覚が生じるのだ」[58]と。霊魂の**主導的部分**は聴覚器官にプネウマ（火と空気から成る物質）を送り、音が主導的部分にもちこまれる。音の媒体は空気だ。もし空気の中に**空虚**があるとしたら、音が起こした波紋はそこで消滅する。だから、空気が連続的で張りつめられていてこそ、音の波紋は伝わる。こうして、音は直接に感覚されるのである。

視覚についても同様な説明がある。「クリュシッポスによれば、視覚は、見る者と見られる事物の間の光が円錐状に張り渡されることによって生じる。光の円錐は空気中に生じ、その頂点には見る者の目がありその底面には見られる事物がある。この仕方で、見られた事物は、ちょうど杖《つえ》を用いてのように、圧縮された空気によって報告される」[58]と。見る者の霊魂から発した光が目を通って見られる事物に触れるとき、光は見る者と見られる事物とを接触させる。ついで、その接触はプネウマという媒体を介して見る者の霊魂の主導的部分へと還帰する。

上記の視聴覚の自然学的説明の中で強調されていることは、感覚には媒体をなす**連続体**があって、その連続体は弛緩《しかん》しないで緊張していること、および、感覚はこの媒体を介しての接触によって生じるということの二点である。つまり、内と外へ向かう二重運動によって作られる緊張が感覚理論の基礎となっているのである。こうした自然過程を介して、外界は霊魂の主導的部分に届く。その限り、感覚には誤りがない。感覚は、白紙だった霊魂の主導的部分に知識を書きこむ**手**なのである。こうして得られる感覚の内容を**感覚与件**と呼ぶことにしよう。

ストアの先取観念

感覚与件は霊魂の主導的部分に影響を与える。霊魂はそれ自体が物体なので、物体の定義に従って、霊魂の主導的部分も働きを受けるとともに働く。その働きは知識領域における親近関係《オイケイオーシス》の顕現として形式的に働く。霊魂の主導的部分は白紙であるという文句に続けて、「書きこみの第一の方法は感覚を通す。何かたとえば白を知覚するために、感覚はその何かが去ったときにその何かの記憶をもつ。そして、同類のものについての多くの記憶が生起しているとき、われわれは**経験**《エムペイリア》をもっていると言う。経験とは同類の表象の塊《かたまり》である。……観念の中の若干は前述した仕方で自然にまた無計画に起きるが、ほかのものはわれわれの教育や注意を通して起きる。後者は単に**観念**《エンノイア》と呼ばれ、前者は**先取観念**《プロレープシス》と呼ばれる。理性——この故にわれわれは理性的と呼ばれる——は、七歳をすぎると、われわれの先取観念から完成されると言われている」[59]と書かれている。

引用句中の前述した仕方については別の資料がある。「観念された事物の若干は**直接経験**《ペリプトーシス》〔経験《エムペイリア》と同じ〕によって、若干は類似によって〔ソクラテスの肖像からソクラテスの観念を得るように〕、若干は類推によって〔普通人を大きくして巨人の観念を、小さくして小人の観念を得るように〕、若干は転置によって〔胸に目をもつ怪獣の観念を得るように〕、若干は構成によって〔人と馬から半人半馬《ケンタウロス》の観念を得るように〕、若干は反対によって〔生を反対にして死の観念を得るように〕観念される。」[60]上記の二文章を総合するとこうなる。感覚与件を与えられると、霊魂の主導的部分には、自然的にかつ単純無意識的に作用する霊魂の働きによって、先取観念が生じるのである。ゼノンは、この知識への第一段階を**開いた掌**《てのひら》で示した、と言われる。この段階は受動的な段階である。

ところで、この**先取観念**とはどういうものなのか。その起源や形成はどうなっているのか。クリュシッポスは、「自分が提出し認可した善悪についての説明は、いちばん生活と調和しており、いちばん密に生まれつき《エムプュトス》の先取観念と結びついている」[61]と言う。文中の生まれつきの語は、霊魂の主導的部分が生得的観念をもっているという印象を与える。すると、主導的部分は白紙のようなものだという言明と矛盾してくる。もちろん、エムプュトスを自然的と訳すこともできる。この訳をとれば、エムプュトスは人間の本性的部分に合致してということになる。おそらく、ゼノンは、すべての人に共通に備わった観念と言う意味で**共通観念**《ユイナイ-エンノイア》と呼んだであろう。クリュシッポスは、エピクロスの用語を導入して、先取観念としたのである。もちろん、両学派では先取観念の内容が違っている。エピクロスでは、先取観念は感覚的事物の記憶から生じ、いわば感覚の派生物であった。ストアでは、先取観念が記憶から自然的に形成されることに加えて、類推その他のごく簡単な無意識的精神作用によっても形成される、とされている。こうした精神作用は生まれたばかりの嬰児《えいじ》には備わっていないだろう。だが、外界の事物と接触する経験の中で次第に顕現してくる。三歳にもなれば、『ガリバー旅行記』がわかるし、自分の絵本がどれであるかもわかる。そういう能力を自然の一部だとしてもおかしくない。

霊魂の主導的部分に起きる表象

外界の事物は感官を通して霊魂の主導的部分に影響を及ぼす。その影響がしばしば経験されると、霊魂の主導的部分にとって外界の事物が明らかになる《ファンタゼタイ》。この精神的出来事は、霊魂が物体なのだから、自然的出来事すなわち頭脳の変化なのである。それは霊魂の主導的部分の一状態であり、それを**表象**《ファンタシア》と呼ぶ。

クレアンテスは、「表象は霊魂にきざまれた**刻印**《トポーシス》である」[62]と言った。印章を封蝋《ふうろう》におしてできる印章捺痕《なつこん》のようなものだと言うのである。この比喩をめぐって、すぐに論争が起きた。印章捺痕は凸凹しており、それが重なれば、凸凹がいり乱れて判別できなくなってしまう。霊魂の主導的部分は、いろいろな事物を表象しても、混乱することはない。この不都合に気づき、クリュシッポスは、刻印《トポーシス》にかえて**変様**《ヘテロイオーシス》という語を用いた。[62] 大勢の人が談話室で話していれば、室内の空気はいろいろな作用を受けて変様する。それでも話はできる。そのように、霊魂の主導的部分もいろいろな作用を受けて変様するけれども、表象し続けるのである。「表象は霊魂内部で生起する出来事で、表象自身と表象を起こさせたものの両方を明示する。たとえば、視覚によって白いものを見るとき、視活動を通して霊魂内に生じるものは受動的状態である。そして、われわれは、この受動的状態の故に、状態が含んでいる白いものがあると言えるのだ。……表象《ファンタシア》という語は光《フォース》からその名を得ている。というのは、光が光自身と光の領域内の事物を見えるようにするのと同様に、表象は表象自身と表象を起こさせたものを明示するからである。」[63]

上記の文中の表象は正確に事物を明示している。しかし、すべての表象がそうだとは限らない。狂気のオレステースは姉エレクトーラを復讐《ふくしゅう》女神と見た。オレステースの表象は実在する姉に由来しているが、非存在の復讐女神と混同してしまっている。また、外界の事物から生じてこない受動的状態は想像の産物《ファンタスティコン》と呼ばれる。しかし、**開いた掌**にたとえられている限りには、その表象は完全に受動的であって、その表象を生じさせた事物と共にある。知覚者に求められていることは、見るために目をひらくように、準備をすることだけである。だが、この分析は、感官を通して生起しないで精神を通して生起する表象（——地球は太陽のまわりを回るのように内省の結果生じてくる表象――）にはあてはまらない。

半閉じの掌‖同意 霊魂の主導的部分は能力をもってはいるが、白紙で内容を欠いている。感覚はこれに最初の内容を提供する。霊魂の主導的部分は、この受動的状態を自覚するとともにその状態を生起させた外界の事物を明示する。これが表象であった。それにしても、もし表象の中に信頼できると知られる表象が皆無だとしたら、主導的部分によって展開されるはずの知識も信頼できないものとなってしまおう。ここに信頼できる表象を析出するという課題が生じてくる。ストアは、この課題を**同意**《シュンカタテシス》との関係で解明した。同意は表象に対する同意なのである。

いったい、どうして表象が同意されたり同意されなかったりするのだろうか。表象が霊魂内の自然的出来事だとしたら、どうしてそれに同意することが起こりえようか。同意は、真か偽かである命題に対してこそふさわしいのではないか。ストアの批判者はこのように反論した。

ストアの立場はこうだ。いま、私が丸い事物を見ているとする。視覚の自然学的説明に従って、その丸い事物は空気の中の光の円錐体の底面にあって、その丸さは媒体を介して頂点の目に届き、霊魂の主導的部分に達し、その部分は影響を受ける。私が主導的部分での受動的状態に気づけば、私はその状態に同意したり同意しなかったりしよう。だが、表象はこれにとどまらない。私に明ら《ツァ》かになって《ンタゼタィ》くるものは、霊魂の主導的部分の受動的状態だけではなくて、外部に丸い事物があるということもである。それどころか、その事物を、蜜柑《みかん》だとかサッカー・ボールだというように、特定の種類の丸い事物だと認めることもである。明らかになってくるものは、感覚を介して得られた印象であるとともに、その印象の解釈なのである。表象は、表象自身とその表象を生起させたものを明示し、外界の事物についての報告を提供する。われわれが同意したり同意しなかったりするのは、その報告に対してである。蠟《ろう》細工の柘榴《ざくろ》を皿に盛って出されたスパイロス（——ゼノンの弟子——）がその一つを取り上げたとき、プトレマイオス王は「彼は僞なる表象に同意した」と喜んで叫んだ。スパイロスは、自分の同意は、それらが柘榴であるということに対してではなく、それらが柘榴であるらしいということに対してである、と答えた。午後一時に、表象が「いまは昼だ」と報告したら、すぐに同意されよう。「いま夜だ」と報告したら、同意されないだろう。表象が提供する事物についての報告が同意の対象であることは明らかである。ゼノンは、同意を半閉じの掌にたとえた。

自明的に真なる表象＝把握的表象

ストアは表象をいろいろに分類した。可能で同意したくなる表象、不可能で同意を拒否させる表象、可能とも不可能ともなる表象（「昼か夜かである」）、可能でも不可能でもない表象（「星の数は偶数である」）の区別がある。また、真なる表象、僞なる表象（水面下の櫂《かい》を見て「櫂がまがっている」）、真でも僞でもある表象（前述のオレステースがもった姉についての表象）、真でも偽でもない表象（人類というような類についての表象）の区別もある。しかし、いちばん重要な把握的表象と非把握的表象の区別を以下に論じよう。

「真なる表象の中で、あるものは把握的であり、あるものはそうではない。」[64] 非把握的表象は、病人に経験される表象（「ピンクの鼠がいる」）のように、真ではあっても把握的ではなく、外面的・偶然的に起きる。意識の混濁が去れば、ピンクの鼠なぞが存在しないことを悟るだろう。病人は事物をしっかりと把握をしておらず、それに同意することもない。「把握的表象は、実在する事物によって起こされ、実在する事物に従って知覚者の中で刻印され描かれる表象である。存在していない事物からはひき起こされない表象である。」[64] しかし、把握的表象に必ず同意が付随してくるわけではない。死んだはずの人が何かの奇跡によって眼前に出現したとしても、「あの人だ」という表象に同意する人はまずいないだろう。

把握的表象に同意したときには把握《カタレープシス》が生じる。ゼノンはこれを拳《こぶし》にたとえた。把握的表象の解明のために、まず、把握を解明しよう。把握はいったい何を把握するのか。把握は把握的表象に対する同意なのであるから、把握されるものは第一には表象である。しかし、表象は外界の事物を明示するのだから、第二に把握されるものは外界の事物である。もちろん、表象の全部が把握されても、事物の全部が把握されるわけではない。視覚による月の把握的表象は、月の裏側や温度や匂いについての報告を提供しない。ストアは、知識と無知の中間に把握を位置づけた。その把握が信頼できるのは、それが事物の全特性を把握するからなのではなくて、対象となりうるものを何も逃さないからなのである。把握の意味がわかると、把握的とか非把握的とかの形容詞の意味もわかってくる。非把握的表象とは、把握されえず、したがって、事物の把握につながらない表象のことである。それに対して、把握的表象とは、その表象が把握されたときには、事物の把握につながる表象のことである。とはいえ、表象である限り、把握的表象自体が事物を把握する能動者であるわけがない。その能動者は霊魂の主導的部分つまりは精神であろう。把握的表象は、精神が事物を把握する場合に媒体となる表象、つまりは把握の過程と連合している表象なのである。

古ストアは、把握的表象を**真理の標識**とした。把握的表象は信頼できる表象である。いったい、把握的表象の信頼性の根拠は何なのか。もし、このように問うて根拠を求めるとする。するとこうなる。正気で醒《さ》めた知覚者が光やその他の条件が適切なときにある事物を見た。その表象は、過去および現在のほかの表象と照合される。もし、その照合が妥当とされれば、かの表象は把握的であるに違いなかろう。だが、すぐに次の問いが生じてくる。照合の妥当性はどのようにして知られるのか、と。こうして、次々に根拠を求めて無限にさかのぼらなければならなくなる。この悪無限をくいとめるには、停止点が必要だ。つまり、即座に受けいれられ、自明的に真なる表象がなければならない。その自明的に真なる表象が把握的表象なのだ。実際に、われわれの日常生活においては、「あれは林檎《りんご》だ」とか「自動車が来る」などの表象を誰も疑いはしない。自分の表象は外界の実在を把握していると信じこんでいる。大部分の表象が信頼できると認めている。これはまったく常識の立場である。ストアの立場はこの常識の立場なのである。

話されたもの《レクトン》

把握的表象は、実在している個別的な事物を正確に映す。この把握的表象が真理の標識であるということは、実在する個別的事物の真相を知ることが知識論の課題であることを意味する。ストアの賢人とは、全体が一であって、技術的な火が計画的に仕事をしていく過程が自然であることを知っている人である。われわれは、その日常経験の中で、自分が自然の一部で刻々と変化する物体であることに気づいている。われわれにとっての課題は、眼前の個物の中で実現されている技術的な火の仕事、つまり自然の計画を読みとることである。この自然の計画はロゴスと呼ばれる。だが、その語は同時に言葉と理性の二つをも指す。ロゴスという語が三様の意味をもっているという実情を、ストアはその知識論の中で都合よく利用した。こうして、知識論は語られているものを中心に展開されることになった。

個物を同定する能力はいろいろな仕方で示される。ストアでは言語による同定が中心だった。すなわち、ある事態＝pについて語っていることを甲が乙に伝える能力と、甲がpについて語っていることを乙が理解する能力である。「真と偽とは、印《しる》されているもの、言葉、思考活動といろいろに定置されてきた。ストアは第一のものをえらび、三つのもの、印されているもの《セーマイノメノン》、印すもの《セーマイノン》、言及対象《テュグカノン》は一緒に結びついていると主張した。印《しる》すものは言葉（「ディオン」）、印されているものは話された語によって示される特殊な事態《アウトートープラグマ》で、われわれはそれをわれわれの思考とともに存続するものと理解しているが、異国人はその音声を聞いても理解しないものである。言及対象は外部に存在しているもの、すなわちディオンその人である。これらの中で二つ、言葉と言及対象とは物体である。だが、印された事態は物体ではなく、話されたもの《レクトン》で、それは真か偽かである。」[65]

　右の文章では、**話されたもの**《レクトン》の真偽はまだ問題となってはいない。むしろ、要点は**話されたもの**の知識論上の位置である。異国人は、この人物（ディオン）を直視しディオンという音声を聞いても、その音声で印されている事態を理解しえない。理解することは、音声と人物の間の結びつきを見つけることだ。印されたもの（話されたもの）は、当の音声が当の人物を指示しているという**事態**なのである。単なる発声とは違って、言葉は精神の中の**事態**（思考）を表現する。有意味な論説の主題は、実際に話されたものである事態なのである。そして、その事態が話されるものである以上は、当然に話法の制限を受ける。話されたものには単語もあれば文章もあろう。ストアはこれを次ページでのように分類した。

　話されたものの中でいちばん重要なものは**命題**である。その原語 axiôma は axioô から発し、その動詞の意味は「受容または拒否に値すると考える」である。「いまは昼である」と言う人は、いまが昼であるという思考が受容に値すると判断しているだろう。命題と思考とは同じではないが、

話されたもの
（lekton）

- 不完全
  - 名（主語）
    - 集合（例：人）
    - 固有（例：ディオン）
  - 動詞（述語）
- 完全
  - 命題
    - 単純命題
      - 不定的（例：誰かが歩く）
      - 中間的（例：ディオンが歩く）
      - 限定的（例：この人が歩く）
    - 複合命題
      - 合接的（$p \wedge q$）
      - 離接的（$p \vee q$）
      - 条件的（$p \supset q$）
  - 質問文・命令文・祈禱文

命題は思考を表現している。また、いまが昼であるという思考といまが昼であること（事実）とは同じではない。もし同じだとしたら、いまが夜のとき（事実）には、いまが昼だと考えることができなくなる。したがって、いまが夜のときには、「いまは昼である」と発言することもできなくなる。そんなことは、われわれの日常経験に反している。「夜なのに、昼だと思ってしまった」などの表現は日常生活の中でしばしば耳にする。われわれは偽なる命題があることを熟知している。そして、命題が真となるのは、その命題に対応している事実があるときなのである。

レクトンと思考

レクトンは思考（観念・思念と言ってもよい）を表現し、それ自体は語の結合である。ところで、思考とは霊魂の主導的部分の受動的状態である。そうである限り、思考は個人的・私人的である。しかし、この私人的な思考が言語で表現されると、万人にとって明らかになる。言語は二歳ころより発達し、小学校入学以前には幼児語も清算される。この事実は、言語が生得的でないことを示している。しかし、言語学習能力は人間に特有な本性であって、猿《さる》にいくら言語を教えても、猿が言語を学習することはない。鸚鵡《おうむ》や九官鳥が言葉を話したとしても、それは音声をまねているだけで、言葉の意味を理解しているわけではない。

人間だけが言葉の意味を理解している。人間は言語的共同体の中で生きており、そこでは、語の意味は客観的・社会的に決められている。思考が言葉によって表現される段階で、私人的思考は一般化される。一般化されることによって、レクトンの真偽が明らかとなる。レクトン自体は事態を表す。しかし、語られた事態が現実に成立《ヒパルコー》しているのかいないのかは、別問題である。

「ストアは、共通見解として、真と偽とはレクトンの中にある、と考える。そして、レクトンは言語的表象《ロギケー・ファンタシア》と共存しており、言語的表象とは、その中で表象されたものが言葉によって示される表象のことである。」[66] 文中の言語的表象とは、言語によって表象内容(観念)を明示する表象のことであって、思考と同じことである。だから、言語的表象は理性的もしくは合理的な表象と訳してもよい語である。言語と思考は切り離せない。思考の真偽はレクトンの中で明らかとなる。言語的共同体がそのレクトンを受容すれば真であるし、拒否すれば偽なのである。

レクトンと実在　全体と部分、物体の限界などの観念は意識の中にある。精神は、その本性上、実在に型を押しつけたがる。そして、「存在することは知覚されること(esse is percipi)」と宣言する。これは観念論の立場である。しかし、この立場はストアの立場ではない。いま昼であるならば、「いま昼である」は真である。こう言われたとき、「いま昼である」は経験されている状況を記述している陳述であって、精神の構成物ではない。「このテーブルは丸い」という言葉は、眼前のこの特定の物質的対象をあるがままに記述している陳述である。こう考えてはいけないとする理由は何もない。これは、まったく常識の立場なのである。

なるほど、全体、部分、限界の観念は思考と共存していて、独自の存在者ではない。同様に、「歩いている」という述語も独自の存在者ではない。だが、この事実から、「何某が歩いている」という言葉はわれわれが何某という実在に押しつけたものだ、という帰結は出てこない。その証拠に、実際に何某が座っていて歩いていなかったら、その陳述は偽とされるのである。陳述自体は、物質的対象として存在しておらず、**非物体**《アソーマ》である。だが、真なる陳述が記述する物体は実在の一角である。これをストア的に表現すれば、その物体は宇宙的ロゴス（これはレクトンの中で表現される）の因果的・造形的力の事例である、ということになる。

レクトンが示す事態が成立《ヒパルコー》しているとき、レクトンは実在と結びつき、真となる。この点はすでに述べた。これに劣らず重要な実在との結びつきが、「従うこと《アコルーティア》」によって実現される。この用語は、経験的与件から推論を引き出す人間の能力を想定しており、ストア哲学の三部門にわたって用いられている。論理学では、BがAから帰結する（A∪B）ということが、BはAに従う（akolouthei tôi A to B）と表現されている。このアコルーティアが確認されれば、推論は妥当ということになる。因果の連続、つまり自然学の領域でも用いられる。運命づけられた事件は「秩序に従うことによって」生起するとか、「原因に従うことに」よって生起するとかと、表現されている。世界が厳格な**原因の連鎖**《ヘイマルメネー》に従って展開するとすれば、論理学の主要な任務は、現在から帰結を引き出すことによって、将来について予言することである。ストアの根本前提は、人間は事件の合理的進路に触れることができ、事件と自分の行為や意図の間に対応関係を構築しうる、ということである。この前提が、「自然と一致して生きること（to homologoumenôs têi physei zên）」[67]という倫理目標の根拠である。その目標は、「自然に従って生きること（to akolouthôs têi physei zên）」[67]とも表現される。アコルーティアの用語によって、倫理学は自然学とも論理学とも結びついていることがわかる。

理性的に生きることは、自然を理解し、自然と一致して行為することである。事件についての経験は事件相互間の結びつきを明らかにする。人はこの結びつきを把握し、言葉によって自分に向かって表現する。彼のなす陳述すなわちレクトンは、彼自身と外界の間のギャップを架橋する。それらレクトンは命令（――彼が自分自身に向かって発し、自然についての経験に基づいて服従する命令――）の内容を提供する。かりにもし、外界の実在をあるがままに表現することは不可能だとしたら、「自然に従って生きよ」という命令は空しいものとなろう。

思考と実在の間に必然的な不両立性があるわけはない。真なる陳述では、思考は正確に実在と対応する。なるほど、レクトンは非物体で独自の存在性を欠く。だが、それは虚構なのではない。実在している物体、たとえばこの丸いテーブルと「このテーブルは丸い」というレクトンとは存在論的には違っている。しかし、「**何か**（ti＝something）」である点では同じなのだ。言葉と実在が必然的に結びついていること、これは日常経験される事実である。ストアは、哲学全体の一貫性の基礎をこの事実にもとめたのである。

真と真理

一貫性を希求する情熱は、賢人が所有する真理の論の中にほとばしっている。真理（alêtheia, truth）は真（to alêthes, the true）とは違う。いくぶん長いが、その

絵画列柱廊のあった場所からアクロポリスを望む（筆者写す）

ことを記述する文章を引用しよう。

「ある人たち、とくにストアの人は、真理と真とは次の三つの仕方、実体《ウーシアー》・構造《シュスタシス》・意味《デュナミス》の点で異なる、とする。1　実体の点では、真理は**物体**であるのに、真は**非物体**である点で異なる。そして、これは当然だ。彼らは言う。後者は命題《アクシオーマ》であり、命題はレクトンであり、レクトンは非物体であるのだから。他方、真理は、真理がすべての真なるものを確言する知識《エピステーメー》と考えられ、すべての知識は霊魂の主導的部分の特定状態（――拳が手の特定状態と考えられるように――）であり、これらの人によれば、主導的部分は物体である。だから、真理も物体という類に属する。2　構造の点では、真はその本性上一様で単純《ハプロン》である（――たとえば、現時点において、命題「いまは昼である」や「いま私は話し合っている」のごとく――）。他方、知識になる真理は複合的《シュスマテイケー》であり多くのものの集積《アトロイスマ》であると考えられている。こうして、区《デーモス》と市民《ポリテース》とが別なように（――多くの市民からなる集積は区であり、唯一の個人は市民である――）、それと同じ理由で、真理は真と異なり、真理は区に対応し、真は市民に対応する。前者は**複合的**であり、後者は**単純**であるから。3　意味の点では、真は全くは知識に依存しない。というのは、愚者や幼児や狂人が時に何か真なるものを語ったとしても、真についての知識はもっていないのだから。これに対し、真理は知識を含むと考えられる。だからして、真理の所有者は賢人《ソポス》(——彼は真なるものの知識をもっているから——)であり、賢人は、たとい偽なるものを語っても、いつわって語ることはない。彼は悪い性向《ディアテシス》からではなく、親切な性向から語るのだから。」[68]

この長い引用文の要点はこうだ。1 実体の点での区別では、存在者の範疇《はんちゅう》の中に真理をいれる場所を設けるとともに、真をその範疇《はんちゅう》から除外している。すべての実体は物体であると考えるストア哲学では、真理も**物体**でなければならないのである。2 構造上の区別では、真が断片的・個別的であるのに対して、真理は区《デーモス》のように体系《シュステーマ》(集積《アトロイスマ》と同義)であることを示している。諸命題の集積には、前記アコルーティアによる**真理関数的関係**があるのである。3 ここでは、知識についてのストアの考え方が明確にされている。知識のうらづけをもたない人だって真なる陳述をなすことがある。しかし、そうした人の陳述は一貫性を欠くだろう。そうした**一貫性**は、真理を把握し、その知識にうらづけられている人にだけ期待できよう。

真理を把握し所有する賢人は、成立している事態と適切な行為が何かを知っている。pならばq $(p \supset q)$において、qを確保するためには、pが成立していることが不可欠である$(p \supset q \cdot p \therefore q)$。その時には、$p$が成立しているかのごとく嘘をつくことも許される。重病患者にあらゆる手段をつかって希望を与えるのは、医者の常套《じょうとう》手段である。だから陳述と事実との対応という規準によるだけでは、真理か否かは決められない。

もちろん、賢人とて全知全能ではなかろう。しかし、彼の知識は真理に匹敵するものだろう。彼は、自分の性向と行為の中で、宇宙法則を映していよう。道徳的行為は自然の出来事の理解に基づいている。真理をもつ賢人は現在から帰結を引き出し、それに従って行為する。彼は偽なるものには同意しない。憶測することもない。体系の中に、すべての真を位置づけているのだから、忘却することもない。賢人がストアの理想とされたのも無理はない。

自然学

ストアは哲学を論理学・自然学・倫理学の三部門に分け、その関係を比喩で示す。畑の比喩では、この順序に柵・土地と樹木・収穫物と、身体の比喩では、骨と腱・魂・肉と、また卵の比喩では、外殻・卵黄・卵白というようにである。この比喩は、三部門が互いに混ざり合っていることを示し、教授の順序もこの順序をとっていた。

唯物論的一元論

ストア自然学の中心思想は一元論と内在論であり、しかも、その思想を唯物論的に押し進める。「自然とは、創造への道を進む技術的な火である。」[69] 自然の根源的元素は技術的な火であり、この火はそれから生じそれに依拠している万物に内在している。もちろん、こういう一元論はソクラテス以前のヘラクレイトスにも見られる。彼は言う。「万物にとって同じであるこの宇宙をどの神もどの人間も作りはせず、常にあったし、あるし、あるだろう。尺度に従って点じ、尺度に従って滅する永遠に生きる火である。」[70] しかし、ヘラクレイトスには、この火が万物に内在していくことに関する理論はない。ストアは、技術的な火が内在していくことを示す理論が必要だ、と考えた。

ストアは、物質である火が世界内の一切の物体に現在していると考える。その自己運動は万物を生み、万物の統一の原因であり、神的であるとともに理性的である。万物は神的な火によって相互に結合され、その因果過程は運命や摂理として明示されてくるのである。以下に、その細部を述べることにする。

ストアの原理論

「宇宙には二原理《アルカイ》すなわち能動的原理《ト・ポイウーン》と受動的原理《ト・パスコン》がある。受動的原理は活性《アポイ》のない実体《オス・ウーシアー》すなわち質料《ヒュレー》であり、他方の能動的原理はこの実体〔質料のこと〕の中に内在するロゴスすなわち神である。けだし、神は質料の全域にわたって各事物を造化していて永遠なのであるから。……彼らによれば、原理《アルカイ》と元素《ストイケイア》とは違っており、原理は生成せず消滅もしないが、元素は万物が火に帰すときに消滅する。さらに、原理は非物体的で無形であるが、元素は有形である。」[71] 物体だけが実在であるとするストアの立場からすれば、原理は非物体なのだから実在するわけがない。また、物体は作用するか作用を受けるかするものだという定義を受けいれるならば、能動・受動の二原理は論理的・概念的に区別された物体の二局面であることになる。原理は、元素と違って、受動と能動もしくは質料と神という抽象的観念である。これはわれわれを当惑させる発想である。自然学的には、この二原理は作用し作用を受けるという絡み合った関係の中でだけ確認できよう。その点からストアの発想に迫ろう。

自然とは技術的な火であった。この場合の火は、日常われわれが経験している火のことではない。後者は、その進路にあるものを食べて滅ぼしていく。それは技術的どころか、非技術的《アテクノス》で破壊的である。技術的な火は万物を生む火なのだから、万物を育成する太陽の火にも似たものであろう。この技術的な火は諸元素に変化し、変化の過程を通して宇宙を作り、最後に周期的に訪れる大爆発に飲みこまれ、もとの火にもどる。技術的な火の量は一定で宇宙に充満し、有限の宇宙を作る。その内部には空虚はない。確かに、宇宙の外部には空虚があろう。だが、その空虚とは、「宇宙の外部には何もない」という表現を実体化したものだ。われわれの関心事は宇宙内のことなのだから、そんな空虚を問題にする必要はない。宇宙は空虚の海に浮かぶ島なのである。それでよいのだ。

技術的な火は、宇宙発生の中で、いろいろな質的規定をともないながら、宇宙を貫いていく。この一元論を根底におけば、能動・受動の二原理は唯一の物体の論理的に区別できる局面である。唯一の物体は、自己自身を作用を受ける質料として、それに作用する。つまり、自己運動を続ける物体なのである。

能動・受動の二原理はどんな機能をもっているのか。第一に、変化（――自己運動をする第一元素の創造性による変化――）を宇宙発生論的に説明するための土台の役目を果たす。第二に、宇宙がたどる歴史の任意の時点で、全体としての宇宙もしくはその部分を解明するのに役立つ。重要なのはこの機能だ。解明の対象が能動・受動もしくは神・質料の二局面をもつとすれば、第一元素の内在を確定するのには能動的原理に着目すればよい。その能動的原理こそ事物の本性を形成するものであり、ひいて、事物はそれを生み出す活力の開花と考えられよう。事物に内在する神的原理と宇宙を活動させる原理とは同じである。医学・生物学に強くひかれたストアは、宇宙を生きた全体と観念し、植物の成長、人体の活動、四季の移行などの事象の間には有機的な共同があるとした。宇宙とは、共感によって結合された部分から成る全体である。これが、ストアの考え方であった。

四つの元素による宇宙発生論

ゼノンは言う。「神は理性・運命・ゼウスと同一であり、また、そのほかの多くの名で呼ばれる。はじめに、神は自分だけだった。神は空気〔ゼウスの妃ヘーラーは空気とされた〕を介して全実体を水へと変えた。ちょうど、動物発生に際して、精子が子宮に包まれるように、宇宙の種子的ロゴスである神は湿気の中にとどまり続け、次の発展のために質料を自分に適合させる。ついで、神は最初の四元素である火と水と空気と大地を生み出す。」[72] もちろん、この文章は、根源的元素である技術的な火と関連している。火は精子にたとえられ、空気を介して湿気の中にとどまる。これは、いわば、宇宙の胎児である。火は自己運動する精子であり、自分が作用しかける受動的質料を自己自身から作り出し整える。だから、火は質料から独立して存在することなく、質料の中にとどまり、胎児として成長していくのである。

　諸元素の発生も同様に生物学的に展開されている。湿気のあるものは凝縮して土となる。残った湿気のあるものは水のままにとどまるが、ほかの部分は希薄化され蒸発して空気となる。空気の一部がさらに希薄化されると非技術的な火となる。土・水・空気・火は根源の宇宙的胎児から凝縮と希薄の過程から生じ、同じ過程によって相互に交替する。諸元素は根源的元素の自己生成的な特性に依存しており、この宇宙発生過程は、根源的元素が最上層の元素すなわち天体のための質料として再登場するときに完結する。「火は最上層の場所をもつ。それはエーテルとも呼ばれ、その中で恒星の球がまず作られ、ついで遊星の球がくる。その次は空気、そして水、さらに最下層には万物の中心である土がくる。」[73] これを図示すれば、上図のようになる。

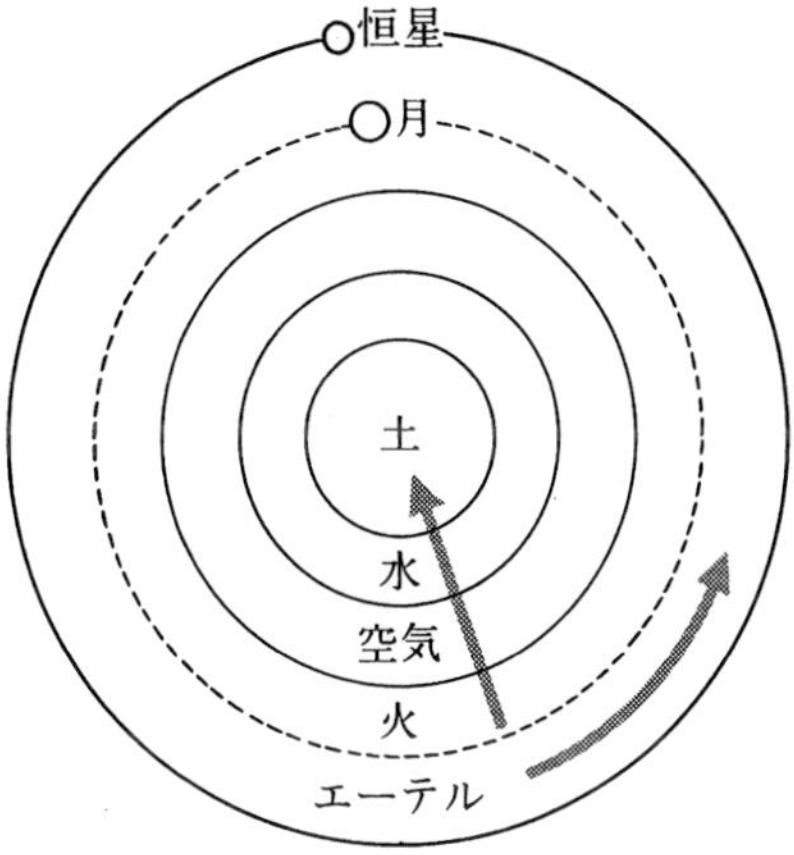

ストアの宇宙

どういう理由で、四元素はこのように配置されるのか。宇宙の安定性は何に由来するのか。ゼノンは、四元素の降下傾向つまり中心に向かう傾向を認めた。土や水は火や空気と比較するとより重い。この軽重のバランスから宇宙の安定性が生じる、と考えた。この考え方の中に含まれている火は、造られたものであって、ほかの三元素と同様に直線的に運動する傾向をもっている。だから、この火は非技術的な火である。他方、ゼノンは太陽・月・恒星の火は技術的で神と等しいものとし、その素材はエーテルだとした。このエーテルは

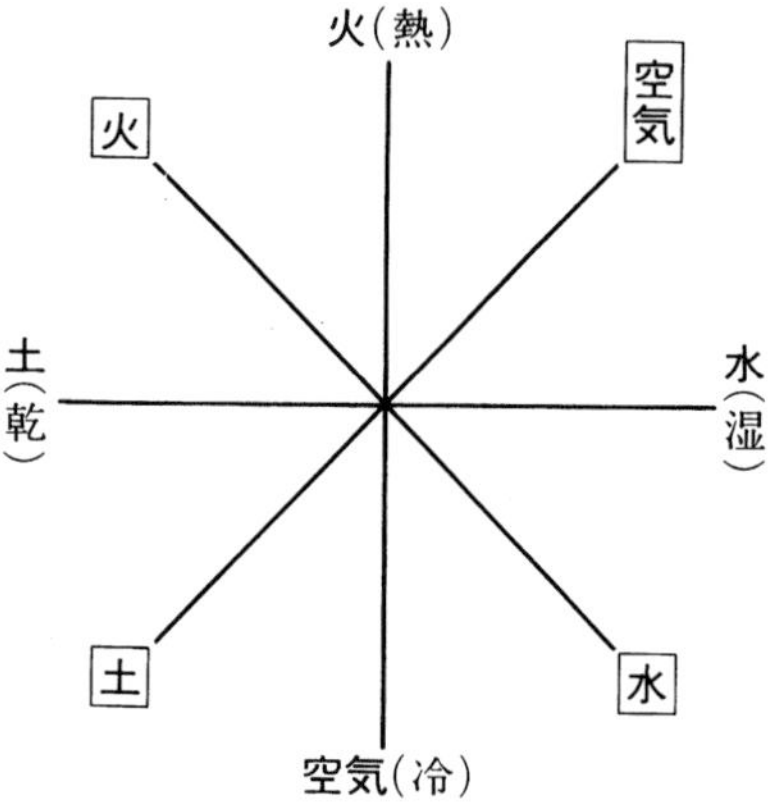

□内はアリストテレスの配置

四元素の性質

最初の純粋な技術的な火であって、宇宙発生の過程の中で諸元素に転化しなかったものである。ゼノンは、地上の火は直線的に運動するが、エーテルの火は円環的に運動する、という。

ストアの宇宙には、月の軌道によって区別される二層がある。月より上のエーテル層は円環的な自己運動をなし、それは神の場所であり、そこでの火は技術的な火である。月より下の層での火は非技術的で、能動と受動の二原理があてはまる物体である。どうしてこのように考えたのだろうか。それはこうだ。根源的元素は下層界でも物体に内在している。そうでなかったら、一元論は崩れる。動物の中にも生命原理つまり霊魂として実在していなくてはならない。しかし、もし霊魂が火そのものであるとしたら、動物も燃えてしまうだろう。動物の霊魂は火そのものではなくて、空気によって冷やされた火でなければならない。霊魂は温められた息《プネウマ・エンテルモン》である。こう見てくると、火と空気が混合されなければならない。下層の火はほかの元素と同じように、垂直運動をしなければならない。このことから、四元素に割り当てられた性質を考えると、上図のような配置ができる。

宇宙発生論の問題点

上記の宇宙発生論は何かすっきりしない。その点を解明しておこう。ゼノンは、能動と受動の二原理は根源的実体の不可分な局面だとした。しかし、この二原理の作業や特性を記述する段になると、この不可分性を忘れて生物学の用語や比喩を用いて記述する。能動的原理は神、ゼウス、技術的な火であった。この火はわれわれが日常経験している破滅的な火ではなく、事物の本性を構成するものであった。受動的原理は無性質の質料であり、能動的原理によって形状と性質を与えられて宇宙となる無形の素材であった。しかし、この二原理は非物体である。存在しているのは根源的実体である。これを能動の面から見れば火であり、受動の面から見れば質料である。しかし、この区別は精神によってなされる区別である。だから、この原理を研究するのは形而上学の仕事であって、宇宙論の仕事ではないはずだ。

ヘシオドスは、宇宙発生以前には混沌《カオス》があった、と言った。ゼノンは、このカオスの語は液状のものから（apo tês chyseôs）という語から発したという語原学を展開した。すると、根源的実体は火からなる能動面と湿気からなる受動面をもつことになる。どうして火と水なのか。アリストテレスは、精液が温かい気息と水から成り、それが液状の雌の分泌物と結合すると子が生まれるとした（『動物発生論』第二巻第二章）。ゼノンはこの伝統をうけて、精液は温かいプネウマと湿気とから成り、湿気のある雌の分泌物（質料）と結合して胎児ができるとした。宇宙の発生もそれと同じで、温かい火的な神（＝能動的原理）が湿気のある質料（＝受動的原理）に作用することによって、精子が子宮の中で胎児となるように、宇宙の胎児ができるとした。こうして、神は宇宙を貫通して働くのである。すっきりしないのはこの点である。精液も経水もそれぞれ独立に存在する物体である。ところが、能動的原理と受動的原理とは根源的実体の二局面として理論的に区別できるだけで、それ自体は非物体である。形而上学の問題を生物学の用語で説明することが無理なのだ。これを敢行すれば、厳密な一元論を維持することがむずかしくなる。

次に、技術的な火が宇宙発生以前の湿気に作用することによって四元素が生じるが、その四元素の中には火もはいっている。月の軌道より下の世界は作られた四元素のいろいろな結合によって作られている。その四元素は変化しやすく、希濃によって相互に交替する。その運動は直線運動である。他方、月の軌道より上にはエーテルの円環運動がある。いったい、この二つの運動はどのように関係づけられているのか。太陽に代表される技術的な火の働きがなかったら、月の軌道より下の生物も生きてはいけまい。この常識を認める限り、円環運動と直線運動の間に何かの関係がなければならない。しかし、それについての記述がない。ストアは、観察できる天体の運動から、あっさりと円環運動を帰結したのだろうか。ゼノンの宇宙発生論には何かぎこちなさがある。

プネウマ論の登場

上記の欠陥を補うのに登場したのが新しいプネウマ論である。プネウマとは本来は**息**とか**風**の意味である。前四世紀のギリシア医学とくにシチリア医学では、生体における呼吸の重要性が認識され、呼吸される空気が全身の健康に決定的であるとさえ言われた。ゼノンは、物体としてのプネウマの思想に影響された。そして、唯物論の立場から、さらにこれを霊魂と同一視した。知識論で述べたように、感覚《アイステーシス》は、霊魂の主導的部分から発してほかの身体領域に届くプネウマの運動であった。物体としてのプネウマの特性についての資料は乏しい。だが、クリュシッポスの明確な記述が次の断片に見られる。「霊魂とは、身体内に生気ある息がある限り身体全部にゆきわたり、連続的で生得的なプネウマである。その部分は身体の各部分に広がっている。すなわち、われわれは、プネウマの気管への拡張を声と、目への拡張を視覚と、耳への拡張を聴覚と、鼻孔への拡張を嗅覚と、舌への拡張を味覚と、すべての肉への拡張を触覚と、睾丸への拡張を生殖と……記述するのである。霊魂の主導的部分はこれらすべてが一緒になる部分であって、心臓に位置している。」[74] すべての身体的現象を説明するために、クリュシッポスがプネウマの思想を広範に用いたことは明らかである。

ストアは、宇宙を生ける有機体だと信じていた。だから、身体のすべての部分に浸透して身体を生かせている物体としてのプネウマの思想を類推によって宇宙に適用し、宇宙的プネウマの思想を展開した。この類推に無理はない。けれども、いったい誰がこの類推をなし、宇宙を生気あるものにする宇宙的プネウマを構想したのか。ゼノンが物体としてのプネウマを説いたという証拠はある。しかし、宇宙的プネウマを説いたという証拠はない。ゼノンの宇宙的能動者は技術的な火で

クリュシッポス

あった。もし、彼が宇宙的プネウマを考えたとすれば、それと技術的な火とはどう調和するのだろうか。これは簡単には解答できない問題である。クレアンテスの宇宙的能動者は技術的な火もしくは太陽を占めている熱であった。これらのことを考えると、宇宙的プネウマ論の創始者はクリュシッポスだったと結論してよかろう。

　霊魂としてのプネウマが生命体の全部分に浸透するように、宇宙的プネウマは全宇宙に浸透する。それはゼウス神（Dia）である。クリュシッポスは、ゼウスの語源をたずねて、いたるところに現在する（Dia＞diēkô＞dia＋hēkô＝throughly＋to be present）の意味だとし、あまねく浸透するゼウスがプネウマであるとした。宇宙にはプネウマが浸透していない隙間《すきま》や空虚はない。プネウマは物体をつきぬけて浸透する。だから、賤者にも犯罪者にも異教徒にも異国人にも神は宿る。因習にとらわれた人は、これを愚論として退けよう。そんな批判に対して、ストアは、ひとしくプネウマが浸透している限り、宇宙のどんな部分も下劣だったり醜悪だったりしているはずがない、と反論する。

プネウマの統一力

火（熱）と空気（冷）から成るプネウマが、それが浸透する事物を破壊しないで、事物を統一するのはなぜか。これに対する解答は緊張的運動と空気の統一促進に関する思想によってなされる。

緊張的運動はこうだ。物体は熱せられると膨張し、冷却されると収縮する。だから、プネウマが浸透すると、内から外に向かう火による運動（膨張）と周辺から中心に向かう空気による運動（収縮）の両方が同時に起きる。相反する方向に向かう運動の間には緊張《トノス》が生じ、物体はその緊張によって統一性を保持する。「中心と周辺の間に緊張状態があるとき、物体は統一される。」[75] この緊張状態を作り出すものはプネウマである。この緊張状態は瞬時も停止しはしない。激しく羽ばたく川蟬《かわせみ》は空中の一点で静止しているように見える。流水にさからって懸命に泳いでいる人も川の一点で止まっているように見える。相反する方向の運動から生じる緊張状態が停止すれば、川蟬が落下し泳者が流されるのと同様に、物体も解体しよう。

もう一方の空気（冷）の統一促進作用はこうだ。一見したところ、冷に能動性を割り当てたのは奇異に思える。しかし、この通念は空気と水蒸気（熱）とを混同することから起きている。逆に、水の熱が冷気に冷やされて氷となるという現象を想起すれば、空気に統一促進力を与えてもおかしくない。

火と空気という能動的な元素が水と土という受動的元素に作用するとき、森羅万象が生じる。クリュシッポスは、「物体は空気によって凝固されるのだから、**物理的状態**《ヘクシス》は空気にほかならない。そして、結合する空気こそ、結合されたものが特定の性質（――鉄の硬さ、石の固体性、銀の輝きと呼ばれるもの――）を吹きこまれた状態になる原因である」[76]と言う。それ自体では生気のない元素は物体の特性の基体であって、物体の特性はプネウマ（――その類似物としての空気――）の統一力の所産なのである。だからして、物理的状態は非有機的物体（岩石など）の構造を指している。

物理的状態は物理的性質として現象し、その物理的性質は相互に浸透し合っている。こうして、物理的状態を規定する諸性質（――力学的・熱学的・電気的・光学的な諸性質――）は、どれも共通なものに根ざしているのだから、相互依存的である。つまり、どの性質もほかの若干または全部の性質が変化すれば、その影響を受ける。物理的状態は力動的組織であると言えよう。「統一された物体の場合には、〔諸性質の間には〕一種の**共感**《シュムパティア》がある。というのは、指が切られると、全身がその状況を分かつのだから。」[77]共感の語は、生物学の語で、生命体の統一構造を示す語である。ストアは、これを拡大して物体の物理的構造を示すのに用いた。物理的状態（構造）はプネウマによる特別な統一である。その本質的特徴は、その物理的諸性質が**癒合**《シュムプユエース》し織りこまれている点である。ここでも、接ぎ木の例で示される癒合という生物学の用語が用いられている。

岩石などの非有機的な物体の中の**物理的状態**《ヘクシス》（構造）は、プネウマの統一力に由来していた。同じ統一力は植物にも動物にも人間にも認められる。植物でのプネウマは、植物が成長する点から見て、運動能力をともなった統一力であって、自然《プュシス》と呼ばれる。動物は欲求と表象の能力をもっている点から、そのプネウマは霊魂《プシュケー》と呼ばれる。最後に、人間や神の能力の特徴はその思考《ディアノエーティケー》能力《ーデュナミス》である。そのプネウマは理性《ヌース》である。

混合をめぐる問題

プネウマは万物に浸透するのであった。その浸透の具合はどうなっているのか。ここに混合をめぐる難問が生じた。混合には二つの場合がある。プネウマは火と空気の混合であるし、他方で万物はプネウマと素材（水と土）の混合であるからだ。前者の混合は、プネウマにおける火と空気の比率に還元できよう。この比率によって、前記の状態《ヘクシス》・自然《プュシス》・霊魂《プシュケー》・理性《ヌース》という四種類のプネウマが区別されよう。もちろん、順番に火の割合が大きくなっていよう。問題なのは、後者の場合である。というのは、その混合では、能動的なプネウマと受動的素材の関係が表面に出てきてしまうからである。ここでの混合理論は、プネウマによる連続体の構想とその機能に関する仮説と一致していなくてはならない。

一般に、混合《クラシス》には二型が考えられる。第一型は並置《パラテシス》によって混合《ミグニュメノン》された物体で、米粒と麦粒の混合のように、モザイク風の寄せ集めである。この場合には、外見的には均質的と見えても、部分を比較してみると均質的ではない。第二型は混成《シュンキュシス》による混合で、その場合には、化学的化合物でのように、成分の独自性は相互に破壊されて、新しい物体が生じる。プネウマと素材の混合が第一型の混合であるとしたら、物体の中で両者がモザイク風に並置されていることになる。そんな物体は容易に分解してしまうだろう。物体の統一性と均質性を主張する限り、第一型の混合であることはできない。第二型の混成であろうか。この場合には、プネウマの機能は全く失われ、物理的状態は変化することなく、生じた物体が崩壊することもないだろう。これもまた、不都合である。

そこで、クリュシッポスは第三型の混合を考えた。この第三型は、いわば前記二型の混合の中間の混合であって、その場合には、各成分は全体的に相互浸透し、どんな微小部分も同じ混合比率で混合された成分から成り、全体は均質的である。その上、各成分はその独自性を失っていず、工夫によってその成分をとり出すことができる混合である。いったいそんな混合があるだろうか。彼はこれを事例で示す。その例はこうだ。葡萄《ぶどう》酒のあく抜きには油につけた海綿が用いられる。原酒に海綿をひたしてしぼると、濁りや色は海綿に吸われ、澄んだ水のような液体が残る。これを水と葡萄の分離とみなしているが、この事例が適切でないことは誰にもわかろう。

どうしてこんな第三型の混合を考えたのだろうか。これには、プネウマと素材の関係についての思想が絡む。両者はともに物体であるが、プネウマはきわめて希薄で素材のすみずみに浸透しても、その希薄性のゆえにプネウマは素材が占める場所にそっくりはまりこむのである。それは、一滴の酒と大海とが混合するようなものだ。大海（素材）と混合しても、酒はその特性を失わないし、全体の量も増大しない。ストアは、これを**全体にわたっての混合**《クラシス・ディ・ホローン》と呼んだ。この理論が、二物体が同一場所を占めることはありえないという公理を根拠に、論争をまきおこした。

もしも、プネウマを物体としてではなくて物理的な力として考えるならば、こんな混合を考えずにすんだであろう。しかし、それではストアの思想から外れてしまう。ストアが作用を考える場合には、甲物体が乙物体に接触して乙物体に事象を起こさせるという形態を典型的なものとしていた。甲物体と乙物体の間には、作用の伝達を妨げる空虚は存在しない。だから、プネウマはどうしても物体でなければならなかった。物体でなかったら、プネウマは作用を欠くことになる。

範疇の設定

プネウマと質料の混合によって森羅万象が生じたのだった。われわれはさらにそれに問いかけて語りたいと思う。その問いかけには順序がある。範疇《はんちゅう》とはカテゴリーの訳語であるが、これは難解だ。カテゴレーマとは**述語**のことである。

さて、プラトンは存在《トーオン》を最高の類とした。ストアはそれよりも高次な類を設け、それを**何か**（ti＝something）とした。**何か**は存在する物体と存在しない非物体とを含む。非物体の中には**話されたもの**《レクトン》があった。不完全な**レクトン**は名詞と動詞である。動詞は述語《カテゴレーマ》である。動詞はとくに不完全である。「ディオン」という名を発声するだけで、「この人はディオンである」という命題に変えられる。動詞だけではどうにもならない。動詞は主語と結びつけられて、はじめて命題となる。別言すれば、**何か**（X）を範疇にいれると、われわれはそれ（X）について何かを語り、Xは

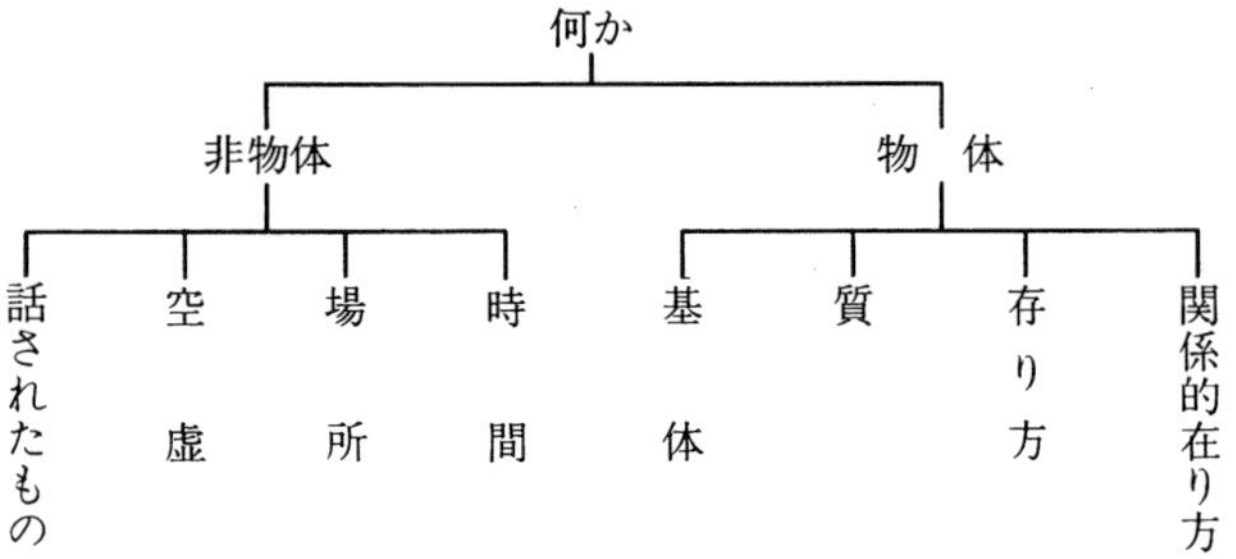

物体と非物体

しかじかであると理解するのである。範疇は、**基体**《ヒポケイメノン》（実体《ウーシアー》）からはじまって、**質**《ポイオン》、**在り方**《ポース-エコン》、**関係的な在り方**《プロス-ティ-ポース-エコン》の順に続く。

何かは最高の類なので、何もかもそれに含まれる。神も半人半馬《ケンタウロス》も人間も動植物も岩石もすべて**何か**である。そこで、われわれがまず問うことは、「神は存在するか」のように、**何か**の存在である。ところが、存在するものは物体だけだというストアの立場に立てば、その問いは、「神は物体（物質的対象）であるか」と同義になる。**何か**が第一範疇に属することが認められれば、**何か**は存在する物体となる。ストアはその第一範疇を**基体**もしくは**実体**と呼んだ。ゼノンは、「**実体**（ousia単数）とは存在するものすべての**第一質料**《プローテー-ヒュレー》である。実体の全体の量は永遠で増減しない」[78]と言う。もちろん、**諸実体**（ousiai複数）つまり個物はある。しかし、それらは実体＝第一質料の部分であって、永遠に同一ではなく分割と混合を受けいれる。個物は第一質料の構成によって生じるのである。

個物となった**何か**は質的規定を受けたものである。ストアの関心事はいつも全体と個の関連であったので、個物の分析が世界の分析につながるとした。物体は質的規定を受けたものとして、第二範疇に属する。第二範疇の**性質**は、存在する物体すべてを特徴づける述語である。巨視的に見れば、宇宙は連続的質料が質的規定を受けた単一物体である。微視的に見れば、質的規定を受けて生じた個物は、質料が連続的なのだから、質料のある部分を区画する特徴ということになる。質的規定は同じく物体であるプネウマの混合による。プネウマは全体的質料に混合しているとともに、部分的質料と混合してそれを特殊化する。その特殊化された部分的質料が個物（――この人、この馬――）である。プネウマはこのようにして個物に個別性を与えるのだから、完全に同じ卵は存在しないことになる。もちろん、人の共通な特徴（――二本足、理性的、動物――）を認めていたろう。だが、宇宙には個別的な実体しか存在していない。共通性質に対応する物体は存在せず、共通性質は思考とともに存続するだけで非物体なのである。

第三に、われわれは個物について、「それは**いつ**、**どこ**にあるか」を問う。つまり、個物の**在り方**である。質的規定を受けた個人が有徳的であるとは限らない。彼の主導的部分にあるプネウマの在り方がそれを決定する。この範疇は個物の特殊的・永続的な特徴を記述する述語ではなくて、偶然的・一過的な在り方を記述する述語である。停止・歩行・学習などがこれにはいる。在り方自体は個人と切り離せない。しかし、文章の中では、主語と述語（――ディオンは歩いている――）として区別されるものである。

第四に、われわれは個物について、「その個物はほかの個物との関係の中でどういう特性をもっているか」と問う。ある人が父と言われたとする。もし、子供がいなくなれば父ではなくなる。父と子の対《つい》をなす部分は、その存続のために互いに他の部分を必要とする。これを**関係的な在り方**と呼ぶ。ストアがこの範疇を設定したのは、宇宙の各部分が、それに浸透しているプネウマによって、相互に関係し合っていることを示したかったからである。ストア哲学では、善良で幸福な人とは、自然や神との間にある関係をもって生きている人であった。宇宙の中で気楽に生きることが理想であった。

ストアの宇宙論

宇宙論に戻ろう。ストアの宇宙論は、生物学上の事実についての解釈を宇宙に適用し、宇宙を人間の外化と考える。人間が、プネウマの働きによって、感覚し、表象し、思考するように、宇宙も感覚し、表象し、思考する。人間の霊魂の主導的部分はプネウマがいちばん集中している場所、具体的には心臓に位置していた。宇宙にも主導的部分がある。「クリュシッポスは天《ウーラノス》が、クレアンテスは太陽が宇宙の主導的部分《ヘゲモニコン》である、という。」[79] 主導的部分はエーテル層に位置すると言うのである。

前述の感覚論、たとえば視覚についてはこう考えられていた。目と事物の間の空気が光にみたされ、事物から伝わる波動が視覚器官に届き、そこにまで出張していたプネウマがその報道を主導的部分に伝える。外部の運動は人体内の過程と連絡している。空気の波動の伝播《でんぱ》過程によって、主導的部分と外界の事物との間の架橋が成立し、事物が見られるようになる。これがその要点であった。これと同様のことが、宇宙の視覚器官についても言える。「神経自体は、樹木の枝や腋芽《わきめ》のように、頭脳の部分である。神経が根ざしているこの部分は感覚能力をもち、それに触れる事物を区別できるようにする。同じような事象がわれわれの周囲の空気にも起きる。太陽の照明を受けると、頭脳から目に届くプネウマのように、空気は視覚器官となる。しかし、変様を生み出す太陽光線の照明が起きる以前では、空気はそんな変様した器官となることはない」。宇宙の主導的部分から発する照明（——純粋なプネウマ——）が空気を視覚器官に変える。人間は、この恩恵を受けて、はじめて見ることができるのである。

プネウマは、全宇宙に広がり、全質料と混合して凝固を生み、宇宙を統一する。「宇宙《コスモス》は一つであり、それはまた限りあるものであって、形は球状をなしている。というのは、運動するのにこの形がいちばん適合しているからだ。」[80] プネウマの運動を記述する動詞は、**浸透する**《ディエーケン》や**広がる**《ディアテイネン》であって、**緊張**《トノス》を強調する。プネウマの運動は、弾力的媒質における波動の伝播に似ている。ストアは、それを**緊張的運動**《トニケー・キネーシス》と呼んだ。人間の場合、プネウマは膨張と収縮という相反する方向に向かう二運動を同時に起こさせ、そこに緊張的運動が生起したのであった。宇宙もまた、これに類似した緊張的運動によって統一を保持しているのである。こう見てくると、運動の担い手はプネウマである。それにしても、プネウマは物体である。ここには、過去のイオニア自然哲学の物活論の残滓《ざんし》が認められよう。ストアの時代には、力の概念は未発達であった。それにもかかわらず、万物もそれを包みこむ宇宙もすべてプネウマの緊張的運動によるという思想は、質料の諸部分（――諸実体＝諸個物――）が力の場であり、諸部分の間にも緊張的運動に由来する連続的な力が働いていることを示している。これはまさに統一的な力学的宇宙論と言ってよかろう。

宇宙に広がる連続的な力の思想は、一切に浸透しながら常住している神の思想につながる。「彼らは、この宇宙全体を、それの部分をもひっくるめて、神と呼んでいる。彼らの主張では、宇宙《コスモス》はただ一つきりで限りをもっており生きものであり永遠であり、そして神なのである。」[81] プネウマは、神と同義で神的理性を備え、感覚的とか知性的とかと形容された。逆にまた、神は、万物に浸透し無形の質料と全体にわたって混合するプネウマと同じだとされ、神的理性も物体であるプネウマと同じだとされた。これが、ストア宇宙論の骨子である。この宇宙論には、ニュートンのエーテル論を想起させるものがある。

ギリシア医学と因果論

連続体およびその部分がもつ力動性を梃《てこ》として、ストアは因果論の知識を前進させた。因果論の発展に貢献したのは、ヒッポクラテスにはじまるギリシア医学の伝統であった。彼らは診断学と因果論を用いて診察に当たった。ヒッポクラテスは、「既往を言いあて、現在を診断し、予後を予言すること、これらのことに習熟しなければならない」（『流行病』第一一節）と言った。医学は、種々の病気の原因の研究を重ね、因果性の核心に迫った。その際、煩《わずら》いの種は、原因が多様であって、主要原因と結果（＝病状）の間の時間が長いことである。病状は患者の体格や栄養状態や日常生活にもよるのに、われわれには直前の事象を病気の原因と見る傾向がある。だから、誤診したり、治療を誤ったりする。ヒッポクラテスは、「医者にかからずに健康を回復した人々が《ひとりでに》の原因で治ったという理屈はありえないのである。《ひとりでに》はよく吟味すれば、消滅する。そして、《何かによって》は、《ひとりでに》が何らの存在をもたず名をもつだけであることを示している。ところが、医術は、《何かによって》作用し、その結果が予見されるのだから、存在する」（『技術について』第六節）と言う。医学はこの伝統を継承し、医者は科学者のように振る舞った。病状の診察をくり返し、病気以前の要因と病気中の要因とを観察によって結びつけること、これが医者の心得である。この心得こそ、因果性探究に向かったストアの根本態度を決めたものだった。

ストアの因果論　ストアの因果論は、連続的全体（＝宇宙）の力動的考察と、物体とは働くか働きを受けるものであるという物体の定義の二つを基礎とする。連続的全体は、事象が近接作用（——物体相互の直接の接触によろうと、プネウマの媒介による接触によろうと——）によって伝播する場である。このことは因果性にもあてはまる。つまり、空間の次元から見れば、近接性は因果性の本質的属性である。原因は、ほかの物体に作用する。その作用には、プネウマの緊張的運動であろうと物体の場所的運動であろうと、とにかく運動が含まれている。その運動は、作用する物体と作用される物体に共通な運動であって、結果を構成する。「すべての**原因**《アイティオン》は物体であって、その物体はほかの物体に何か**非物体的なもの**を起こさせる原因である。」[82] その非物体的なものは**動詞**で表現される。包丁と肉の場合では結果は**切られる**であり、火と材木の場合では**燃やされる**である。この**原因**の定義は、AはBの原因であるというような曖昧《あいまい》な定義よりもすぐれている。ストアの定義では、**結果**とは、A物体（＝原因）に起源しB物体が変化していく**過程**なのである。この過程は、A物体の時間的先行性を認め、因果性の時間的側面を明白にする。因果性には近接性（空間性）と先行性（時間性）がついて回るのである。

　原因は具体的物体であって、物体が位置する宇宙は緊張的運動を続けるプネウマに浸透されている。こう想定されると、次の帰結が生じる。すなわち、どの時点においても、結果に対する原因は無限なのだから、特定の物体とほかの特定の物体との間に因果関係を設定するためには、無限にある原因の中からそれを抽出しなくてはならない。「原因が多様であることを考えて、彼ら〔ストア〕はこう言う。それらすべての原因について、原因（物体）と作用を受ける物体に関してまったく同じ状況が成立しているときには、ある場合にはこの結果が起き、ほかの場合にはあの結果が起きることはないということが要請される。もし、そんなことがあるとしたら、原因のない運動があることになるから。」[83] これは**観察からの帰納**を表している。こんにちでは、厳密な意味での因果性は実験可能な事象体系についてだけ認められている。状況Aから状況Bが導出されるとき、状況Aに近似的な状況A′から状況Bに近似的な状況B′が導出される。この定式の中の**近似的**という語は、実験的に同一状況が再現できるという意味である。ストアは実験を知ってはいなかった。それだのに、同じ状況が成立しているときという制限は、因果性についての鋭い見方を示していると言えよう。

それにしても、先行性だけで因果関係が成立するはずがない。昼は夜の原因ではないし、夏は秋の原因ではない。太陽と地球との関係という共通の原因の探究によって、はじめて昼夜・四季の交替も説明ができる。局部的な因果関係の探究には、全体についての考察が不可欠なのである。エーテル論がなかったら、万有引力の発想もなかったろう。だから、ストアの因果性の理論も、宇宙全体に関する思想と不可分である。

さて、ストアは、原因とは物体であり、結果とはほかの物体に生起してきた運動である、とした。ところが、当のほかの物体もほかの結果の原因であろう。こうして、時空に連続的に伸張し、宇宙を貫く原因の連鎖が思いつかれた。「生起するすべてのものに、それを原因として依存しながら**必然的に**《エクス-アナンケー》、何かほかのものが随伴する。……宇宙には、以前に生起したものすべてから分離されているものは何もないのだから、宇宙には原因づけられることなく存在・生起するものは何もない。」[84] 原因の連鎖の中の一環を取り外せば、**必然的に**連続的全体を成立させる連鎖は破壊される。「もしも無原因の運動が宇宙に導入されるとしたら、宇宙は分解し霧散し、もはや一つの秩序・管理の下に管理された統一体であり続けることはできないだろう。」[84] ストアの因果論はこの決定論と一体となっているのである。

決定論＝運命

結果は時間・空間の中で伝播され、結果を生む物体と結果を受ける物体とは一緒になって、因果性の総体を形成する。こうして、因果性の教義は決定論と一体となった。ストアはこの決定論を**運命**《ヘイマルメネー》と呼ぶ。元来、ヘイマルメネー（heimarmenê）の語は、モイラ（moira）と同義で、**部分**つまり人間の命の長さを表していた。**過去**にくじで獲得した個人の命の糸の長さ（――これはラケシスの仕事――）を、**現在**も紡ぎつづけ（――これはクロトの仕事――）、**時来れば**長さを変えずに容赦なく切断する（――これはアトロポスの仕事――）のがモイラを構成する三人の女神であった。これに対して、ストアは、ヘイマルメネーはエイロー（eiro　緒を通す）を語源とするとし、数珠つなぎのように規則的な因果的事象生起の体系を指示する語として用いた。「運命は緒で通された原因、もしくはそれに従って宇宙が進行していくロゴスである。」[85]「運命は、原因の秩序正しい**絡み合い**《シュムプロケー》である。」[85] これらの表現は、そのことを示している。クリュシッポスは、秩序と絡み合いを組み合わせて、「運命は全体のある**自然的秩序**《シュンタクシス・プユシケー》であり、その秩序によって悠久《ゆうきゅう》の昔から一事物はほかの事物に随伴し、不変の絡み合いの中でその事物から生じてくる」[85]と言った。

運命の語がもつ秩序と絡み合いの意味から、運命はロゴスすなわち神的な秩序や法則の意味をもってくる。宇宙はこのロゴスによって管理され、それによって過去の事象は生起したし、現在の事象は生起しているのだし、未来の事象は生起しようとしている。このように、運命は、一方では、ロゴスとされた。しかし他方では、運命が事象を因果的に継起させる力動性に着目して、運命は**プネウマ的な力**《デュナミス・プネウマティケー》、もしくは簡単に運動とされた。これを総括してキケロは言う。「ギリシア人が運命《ヘイマルメネー》すなわち規則的な諸原因の継起——その中で原因は原因に結びつけられ、各原因は独自に結果を産出する——と呼んだものと同じものを意味するのに、私はファーツム〔fatum 語られたもの、とくには予言・神託を意味する〕という語を用いる。……だからして、生起するはずのなかった事物は何も生起しないし、同様に、生起を促す能動因が自然の中で見つからない事物は何も生起しないだろう。……かりにもし、各原因とほかの原因とを結びつける鐶《かん》を識別する霊魂をもった人物があるとしたら、その人物は自分のなす予言の点で間違うことはないだろう。未来の事象の原因を知っている人物は当然に未来の事象がどうなるかを知っているのだから。」[86]この言葉を裏がえして言えば、偶然とは無知の告白である、ということになる。ストアの賢人とは、このすべてを知る知性をそなえた人物である。

上記のように、ストアでは、運命は、個人の寿命という意味から転じて、宇宙の因果的連鎖を意味することになった。進んで、彼らはそれを、**神占**《しんせん》や**予言**を引合いにして、経験的に証拠だてようとした。デルポイの神託やソポクレスの『オイディップス王』に見られるように、神占や予言の事例は枚挙にいとまがない。ストアはこの伝統を継承した。宇宙は神的理性によって貫かれている。人間的理性もこの神的理性との接触によって影響を受けるに違いない。たしかに、予言は天賦の超能力を必要とする。しかし他面では、予言は、物理的・生物的な事象に表れる**合図**に基づく帰納的推論によって成立する。つまり、合理的根拠をもつ技術なのだ。予言は、過去の事象の観察による学習と新しい事象の推論とから成る技術であって、経験的基礎をもっている。すべての事象はあらかじめ決定されており、糸巻がほどけるように、順番に展開する。この決定論に基づけば、科学と予言の間に方法的な違いはなくなる。科学者の任務は、原因の探究であるよりも、観察可能なものに固執して結果を関連づけることだ。気象現象の原因が未解明であっても、予報官は明日の天気を予報し、われわれはそれを信頼する。そこでは、**統計的・帰納的な方法**が用いられている。予言も同様だ。因果関係がよくわからなくても、事象が示す合図や前兆から予言が立てられる。共通なのは、現象に対する実証主義的アプローチである。

予言が的中したという事実は、因果性の妥当性を裏づける。これが重なれば、予言の連鎖はどんどん伸ばされ、未来の事象の予言に対する信頼度は高まる。こうして、事象間の連鎖が観察され、さらに一般化されると、決定論が浮かんでくる。だから、予言は、決定論の経験的証拠なのである。予言が的中しないのは、**合図**を間違って解釈し、間違った推論をなしたからなのだ。しかし、このことは、事象の秩序に間違った点があることを示すのではなく、解釈者の無知を示すだけだ。ストアは、このようにして間違った予言を切り捨てた。

全体と部分

因果性は、いわば縦の関係である。原因（＝物体）はその作用を受ける物体に非物体的な事象（＝運動）という結果を生む。原因と作用を受ける物体とは**非相称的**であって、その間の因果性は先行性（＝時間性）に依存する。自然全体を考察する場合には、この縦の関係だけでは十分ではない。横の関係をも考察しなくてはならない。

横の関係は、**相称的**な個物間に生じる事象に見られる。「一つの事物がほかの事物の原因ではなくて、両者が**相互に原因**《アレーロイス・アイティオイ》であるものがある。たとえば、脾臓《ひぞう》の所定の状況は体温の原因ではないが発熱の原因であり、所定の体温は脾臓の原因ではないが脾臓の肥大状況の原因である（腸チフスでは脾臓の肥大と発熱がともなう）。同様に、諸徳は**相互に原因**であって、その**相互依存**《アンタコルーテイア》のゆえに分離されない。円天井の石どもは相互に所定の場所に静止することの原因であって、一つの石がほかの石の原因ではない。」[87] こんにちでなら、円天井は石材相互間に働く力の均衡によって実現すると言われよう。力の概念が知られていなかった時代では、石材間に働く相互作用は**相互原因**

という語で表現された。原因は物体であり、結果はほかの物体において実現される運動であった。だから、相互原因の結果は二物体間に見られる相互作用（――支えると共に支えられる――）として現象する。その結果は、**動詞**によって表現される。舵《かじ》とボートが相互原因ということは、舵はボートが直進することの原因であり、ボートは舵によって直進させられることの原因である、という意味なのである。

A物体とB物体が相互原因であって、しかも、両者が可変量であるとすれば、関数関係が成立することになる。「同じ弦は、緊張もしくは弛緩に応じて、高音もしくは低音を出す。」[88] この事例は、同一事物の相反する二状態（――緊張と弛緩――）しか考慮していない点で不満足である。別の資料は次のように言う。「ストアは空気の中で進行する変化についてこう記述する。冬は、太陽が地球から遠ざかることから地球上の空気が冷却することによる。春は、太陽がわれわれに近づく結果として起きる空気の適当な温度に達することによる。夏は、太陽が北に行くときの地球上の空気の加熱による。他方、秋は、太陽がわれわれから遠のくことによる。」[89] この事例では、四季の原因が太陽と空気の二物体であって、空気の温度状態と太陽の位置状態との間に関数関係があることを示している。

関数およびそれに伴う極限の思想は、**習性**《ヘクシス》と**性向**《ディアテシス》というもっと一般的な問題にも適用される。アリストテレスは、**習性**はより持続的でより強固な状態であり、その例として**徳**《アレテー》を挙げた。徳は、たやすく駆逐されて悪徳に席を譲りはしない。これに対して、**性向**はたやすく変えられ、反対のものにすみやかに席を譲る状態であって、温・寒や病気・健康がその事例として挙げられた。習性はより強く、性向はより弱い。あるいは、習性は同時に性向であるが、性向は必ずしも習性ではない（『カテゴリー論』第八章）。このアリストテレスの議論に対して、ストアはその逆ともいえる思想を展開する。既述のごとく、ストアは、非有機体の**物理的状態**（＝**構造**）を表すのにヘクシスという語を用いた。物理的状態は、プネウマの浸透する連続的全体の中にあって、たえず変化にさらされている。「彼ら〔ストア〕は言う。ヘクシスは締められたり緩められたりするが、性向《ディアテシス》は増減しえない。彼らは、竿《さお》のまっすぐさ（直）を、曲げればたやすく変わるけれども、性向と呼ぶ。というのは、直は緩められたり伸ばされたりすることができず、性向なので程度の変化を受けいれないからである。同様にして、**徳**《アレテー》も**性向**であるが、それは、徳が特別に安定した特性であるからなのではなくて、徳が濃密化されえず増大を受けいれないからである。しかし、技術は、たやすく変えられなくても、性向ではない。彼らは、ヘクシスを状態の変化領域、性向《ディアテシス》を**極限**の場合――竿の直のようにたやすく変ええようと変ええまいと――と理解していたようだ。」[90] ストアは、連続的宇宙の力動的本性の着想を背景にして、関数と極限の思想に到着したのである。

　上記の文章では、竿の直は性向であり**極限**とされていた。このことは直線の幾何学的定義にあてはまろう。おそらく、ストアは、具体的に一本の紐《ひも》を用いて直線を考えたろう。様々な紐の姿を作り、それらを比較する。真っ直ぐに伸ばされた紐は曲がった姿の紐に比べて、いちばん遠い距離を覆うだろう。直線は曲線の極限である。逆に言えば、直線とは二点間の最短距離であるという定義が生じる。このようにして、ストアは、数学にも緊張・弛緩の力学的原理を導入したのである。この発想は、一切のものを決定し説明するための究極原理は形相であるとしたアリストテレス主義を逆転させるものであった。ストアでは、世界は運動・変化の中にあり、形相もまたその過程の中で生じてくるのである。こう考えるならば、世界は流転していよう。永遠性はどこに求められるのか。その説明は永劫回帰《えいごうかいき》の思想の中に求められる。

宇宙の永劫回帰

プラトンは、「やがて、途方もない地震と洪水の時期が訪れ、恐ろしい一昼夜がきて、戦士たちが身体ごと大地に呑《の》まれ、アトランティス島は海の下に沈み消え失せた」(『ティマイオス』)と記述した。大火災や大洪水によって人類が滅び、また新しく歴史がはじまる。この回帰的歴史観はギリシア人の精神に深くしみこんでいる。プラトンは、この大火災は天体の軌道逸脱によって起きる、とした。ピタゴラス学派は、七遊星が水瓶座に集まるとき宇宙は崩壊する、と予言した。ストアは、この宇宙的規模での大火災に関する伝統思想を継承し、大火災を宇宙周期の一部と解釈した。さらに、ピタゴラス学派は、文明史も厳密に回帰的であって、各個人は再び蘇生《そせい》してその生涯をくり返す、と信じていた。前四世紀末、アリストテレスの弟子のディカイアルコスは『ピタゴラスの生涯』を書いて、この説を広めた。ストアのゼノンがこの思想を採用したのも無理はない。クリュシッポスは、大火災《エクピユローシス》ののち、再び万物が、この宇宙での万物と同じ数だけ、生じる、と述べた。

この宇宙は、プラトン年（二六、〇〇〇年または一〇、八〇〇〇年）を周期として、再び火にもどる。この周期で宇宙は循環する。最初に火が優勢な段階、次いで火以外の三元素の区別が生じる段階、最後に大火災が起き物質が火に呑みこまれる段階がくる。それからまた、最初の段階からやり直される。こうして、宇宙は永劫《えいごう》に回帰し、この周期の中で、ソクラテスが生まれ、クサンティッペと結婚し、処刑されたように、次の周期でもソクラテスが生まれ、同様の生涯を送る。ゼノンやクレアンテスが自殺したのは、この永劫回帰を確信していたからではあるまいか。彼らは、プラトン年後に、再び蘇生し、ストア派を開きまたその第二代学頭になり、共に自殺することになっているのである。

倫理学

人性に立脚した倫理学

倫理学は農園の果実にたとえられた。倫理学は人間の行為の価値に関する学であり、ストアは自然学の基礎の上に倫理学を樹立しようとした。

前五世紀以来、自然《プュシス》と人為《ノモス》は対立する二項とされ、ソフィストたちは旧来の慣習的なポリスの規範を粉砕した。ソクラテスの努力は、世俗的な善とは異なる道徳的善の概念を追求することにあった。この努力を真摯《しんし》に受けとめ、生活実践の中で顕示してみせ、徹底的に世俗的な善に背を向けたのは、犬学派であった。しかし、その倫理学は厳格主義のゆえに人々の追随を許さなかった。ストアの倫理学は、犬学派の厳格主義を一方で保持しながら、世俗的な善にも位置を与えようとする。それは、いわば、妥協の道である。しかし、この妥協の傾向はストアに限らず、ヘレニズム期では支配的なものであった。それにしても、倫理学を自然学の基礎の上に樹立しようとすれば、当然に、人間の自然すなわち人性の研究に着手しなければならない。次に、感情論からはじめて、ストアの倫理学を追っていこう。

感情の規定

感情はヘレニズム倫理学の中心問題であり、諸学派の人間観の相違はその感情論に反映している。さきに述べたように、エピクロスは感情を真理の標識とした。それに対し、ストアは感情を標識とする説をとらず、むしろ、感情を退ける。ストアは感情をどのように考えていたのか。まず、その感情についての規定を見よう。

1　感情は判断　「クリュシッポスによれば、彼ら〔ストア〕は感情《タ・パテー》は判断《クリセイス》であると考えた。」91

この感情の第一規定はわれわれを驚かせる。文中の**判断**の語に代えて、理性《ロゴス》・想定《ヒポレープシス》・臆見《ドクサ》・主導《ヘク》的部分の状態《シス・ヘゲモニクー》などの語も用いられている。こういう用語例から考えると、文中の判断という用語はきわめて広い意味のものであろう。すでに自然学で見たように、人間霊魂の主導的部分はプネウマ＝理性から成り、それが人間に特徴的な諸性質・状態・行為を形成し統一するのであった。この統一性は人間に特徴的な行動様式・感覚様式の中で顕現する。原因論的に言えば、主導的部分は、転がる石の丸さに似た**操作原因**である。山頂の石は外力（＝**先行原因**）によって落ちはじめるが、斜面を転がる運動は独自の運動であって、石の丸さ（＝石自体に内在する操作原因）に依存する。その運動様式は外力の強制には依存していない。人間霊魂の主導的部分の特徴は、事物・事態を識別し、推論し、追求・回避を選択する理性を備えている点である。理性の成熟とともに、人間は動物から区別され、人間の挙動や認識には何らかの仕方で意志や意識が介在してくる。クリュシッポスが感情を主導的部分の状態と規定したとき、彼の真意は、感情を人間の挙動の特殊様式としてとらえなおそう、ということであった。ゼノンは、感情を理性に耳をかさない衝動、反自然的で非理性的運動、霊魂の激しい羽ばたきである、とした。クリュシッポスの規定は、感情を理性体系の中に組みこみ、いっそうの首尾一貫性を樹立しようとしたもので、ゼノンの伝統を逸脱したものではない。

2　感情は邪悪な理性　感情が判断である限り、真偽がともなう。人間は自己自身・他人・事物・事象のどれに対しても常に判断的に対応する。感情的な対応もその例外ではない。ところが、ストアは、「感情は、その激しさと強さを不注意で誤った判断《ディエーマルテー・クリシス》から得ていて、邪悪で制御不可能な理性《ロゴス》である」[92]と言う。この規定を、ストア行為論の根本図式（表象――同意――衝動）にあてはめよう。霊魂の主導的部分に生じる**表象**は、ロゴスによって、真か偽か、また表象されたものが追求に値するか否かの点で査定を受ける。われわれが下す肯定もしくは否定の判断は**同意**に相当する。追求に値すると肯定的に判断されると、その判断には追求しようという**衝動**が付随してくる。行為は衝動に還元されるが、その衝動は人間の場合には行為目標についての肯定判断抜きでは成立しない。人間の努力や情動は理性抜きでは作動しない。ところが、感情は誤った判断から生じる。

いったい、何を誤って判断するのか。ストアは、道徳的に**無規な**事物・事象を区別した。第一は、幸福や不幸に貢献しないもので、その例は富・名誉・健康・美などである。これらがなくても幸福になりうるからである。しかし、これらがある仕方で用いられた場合には、幸福や不幸を生じることがある。第二は、衝動や嫌悪を喚起しないもので、ある人の頭髪の本数が偶数（または奇数）であるというような事実である。第一のものは衝動や嫌悪を喚起し、ひいて、優先されるもの《プロエーグメナー》か優先されないもの《アポプロエーグメナー》かである。それらは人間の幸福にとって決定的ではないが、それらに理論的・実践的にどう対処するかは完璧な人生に深くかかわってくる。感情はその時点で働く。感情は善と悪という二述語をもって道徳的に無規な事物・事象に迫り、誤ってそれらを自然的に善なるもの《カター-プュシン-アガタ》（または悪しきもの）と判断してしまう。相対的価値を絶対的価値と誤断してしまうのである。

3　感情は過剰な衝動　「ゼノンでは、感情は非理性的で自然に反する《パラ-ピュシン》霊魂の運動、もしくは過剰な衝動《ホルメー-プレオナズーサ》である。」[93] この規定は、感情は判断であるとする第一規定と矛盾しているようにみえる。だが、感情は判断という規定の中での判断は実践的判断であって、理論的判断ではない。偽なる理論的判断なら、以後の学習によって矯正されよう。だが、感情的判断における誤りは学習によって除去されない。ちょうど、全力で疾走する走者はその体重のゆえにゴール-ライン（＝限界）を超えて走るように、感情は過剰な衝動なので、理論的思考が設ける限界をつき抜けてしまう。だから、非理性的で自然に反するのである。

以上の諸規定を参考にして、ストアの感情論をまとめよう。これらの規定に接すると、われわれはすぐに、感情は非理性的で理性に反抗する衝動である、と解釈したくなる。この解釈は、プラトン・アリストテレスの伝統に従って、霊魂には理性的部分と非理性的部分とがあって相互に対立し合っているという前提に基づいている。しかし、この解釈はストアの感情論にはあてはまらない。ストアは、人間霊魂の主導的部分は理性で、人間はそれによって統一されている、と主張した。この主張を背景にすれば、霊魂には部分があるはずがない。だから、非理性的という語句も理性的部分を顧慮しないでという意味ではない。むしろ、理性の正規の使用に反してという意味である。こう解釈してはじめて、ストアの感情論を理解する道がひらけてくる。

脱感情と喜悦

上記の感情論には、ストア倫理学の基本姿勢が見られる。彼らは、理論と実践の両面において、理性の挫折が理性的部分と非理性的部分の衝突の中で生じるとは考えなかった。むしろ、それを理性自身の病気もしくは倒錯であるとする。「身体にたとえれば通風や関節炎のような弱点があるように、霊魂にも名誉愛や快楽愛その他（の弱点）がある。弱点とは弱さにともなう病気であり、病気とは望ましいと思っているものを激しく思うことだ。また、身体には粘膜炎症や下痢になりやすい傾向があるように、霊魂にも嫉妬・憐憫・喧嘩好きその他に走りやすい傾向がある。」[94] 道徳的に無規なものすなわち身体と霊魂が生きるための手段を獲得することだけを努力目標にし、合理的計算に基づいて追求している人は、非理性的な過剰な衝動（＝感情）に動かされている。そういう人物は、いわば、霊魂の病気にかかっているのだ。こういう過剰な衝動をもっていない人物は散歩している人のようだ。両脚は本人の意図に従順で、一歩一歩が制御されている。これに反し、過剰な衝動をもっている人物は走者のようで、自分の思うところに停止できない。感情による運動は自然が設けた尺度を超える。感情は、落ちぶれて変わりはてた理性の姿なのだ。人間は幻想的な希望を抱くべきではない。

この感情論を背景にすれば、感情から解放されることすなわち**脱感情**《アパテイア》が生活信条として浮かびあがる。脱感情とは、理性によって感情を屈服させることではない。理性がその病気や倒錯から脱出することである。賢人だって、われわれが心を惹《ひ》かれるものと同じものに心を惹かれよう。ストアは、健康・良妻・賢い息子などの自然的な善いものを**優先させられるもの**と認めている。だが、それを**善**《アガトン》とはしなかった。ストアが**善**としたものは、**道徳的価値**《トーカロン》だけであった。その道徳的価値は、徳・習性的徳・徳行、さらに伝統的な徳目を含んでいよう。だが、その道徳的価値は、人間の目的《テロス》（＝善）すなわち、自然に従って生きることを根拠にする。ここには、大自然を普遍的価値の根本原理とする思想がある。

自然学で見たように、**大自然**は神的な技術者で先を見通す正しい理性であった。この大自然に従って生きることは神慮のままに生きることであり、したがって善である。ところで、人間は理性的である。大自然も理性的なのであるから、人間は大自然と特別な関係をもっている。この特別な関係のゆえに、人間にとっての善すなわち大自然に従って生きることの本質は、熟慮しながら大自然の計画に服すことであることになる。**大自然**は、人間には、理性的原理によって生きよと命じる**道徳法**として立ち現れてくる。こうして、大自然に従って生きることは道徳的にあるいは徳に従って生きることになる。ストアが追求したのはこの生き方であった。その追求の努力の過程には、おそらく**喜悦**もともなっていたろう。私には、ストアの哲学者が無感情な朴念仁《ぼくねんじん》だったとは思われない。

自然による親近関係

親近関係というのはオイケイオーシスの訳語である。この語の翻訳はまことにむずかしい。この動名詞のいちばん普通の訳語は愛着すること・親しむことであるが、これらの訳語にはストアが否定した感情が混じっている。ストアがこの語に含めた内容は、**大自然**は動物と事物の間に良好な関係を設定している、ということである。この内容を考えて、自然による親近関係、略して**親近関係**と訳出した。この語の反対はアロトリオースで疎んじるの意味であり、ここでは**疎遠関係**と訳すことにした。

「クリュシッポスが『究極目標について』の中で言っているように、ストアは、動物の最初の衝《ホル》動《メー》は自己保存に向かう、そのわけは、自然は最初から動物が自分自身に親近するようにしたのだから、と言う。彼の言葉はこうだ。『すべての動物の最初の親近的《オイケイオン》なものは自分自身の構造《シュスタシス》とそれについての意識《シュネイデーシス》である。』というのは、自然が動物をして自分自身を疎遠にするようにしたとも、自分自身を親近するようにも疎遠するようにも作らなかったとも思われないからである。だから、われわれは、自然は動物をして自分自身を親近するように作った、と結論したくなる。というのは、こうして、動物は一切の有害なものを退け、自分自身に親近的なものを受けいれるのだから。動物の最初の衝動は快楽に向かうというある人々の言葉は、ストアによって誤りだとされた。彼ら〔ストア〕は、快楽は、たとえ感じられようとも、併発したもの（――自然が動物の構造に適切なものとしたものを動物が探究するときに併発する――）であって、動物が元気になったり植物が開花するのに比較できる、と言う。また、言う。自然は植物の場合と動物の場合とで差異を設けはしなかった。というのは、自然は植物に対しては衝動や感覚がなくてもうまくいくように規制しているし、われわれ動物の場合でも若干の事象は植物的な仕方で生じてくるからである。しかし、動物には付け足しとして衝動が加わり、その助けで自分に親近的なものを求めて進むようになると、動物にとっては自然に従う《ト-カタ-プュシン》ことは衝動に従う《ト-カタ-テーン-ホルメーン》こととなる。しかし、さらに完全な導きがあって、理性的とされるものに理性《ロゴス》が与えられた段階では、これらのものにとっては、理性に従って生きる《ト-カタ-ロゴン-ゼーン》ことが正当に自然に従うこととなる。というのは、この理性は衝動を仕上げる技術者として付け加わっているのだから。」[95]

右の文章中の自然は、もちろん全体的な**大自然**のことであって、自然の事物がもつ個別的な自然（＝本性）のことではない。この大自然は、動物が自分自身を親近するように作り、動物に親近的なものは動物自身の構造とそれについての意識であって、行為ではない。亀《かめ》を裏返しにすると、亀は懸命にひっくりかえろうとする。これは、亀がその構造に由来する自然状態を回復しようとするからだ。幼児は闇を恐れる。幼児を安心させる外部からの刺激が欠如するからだ。外部の事物・事象を知覚することは自分自身についての知覚なしでは不可能である。動物は自分自身の構造を親近するが、そのためには、最低のものであれ、自己についての意識がなければならない。構造と構造の自己意識が親近する対象なのである。

人間にのみ生じる道徳の根拠　自然が与えた親近関係を基礎にして、動物の構造と衝動とがつながり、衝動は動物に自己保存のための行動をうながす。自然学では、植物と動物は二種類のプネウマすなわち自然《プュシス》と霊魂《プシュケー》によって区別された。ここでは、植物の構造保存が自然によって遂行されるのに対し、動物の構造保存は衝動によって遂行される。だが、その過程そのものはどちらも自然的である。このことは理性的なものにもあてはまる。理性は自然的な衝動の対立物としてではなく、衝動を引き受けて指導する技術者として付け加わってくる。ここには、植物・動物・人間を連続的なものと見る思想がある。

こんにちでは、衝動は快楽原理を追求する内部的動因と考えられている。あげく、衝動は、反理性的で偶発的行動をうながすものとされている。ストアでは、衝動は外部的刺激に触発されて個別的行動をうながす反応と考えられており、刺激が欠如している場合には眠ったままになっている。自然の状態にある亀はもがいたりしない。動物にあっては、この衝動が最高の能力であり、衝動に従うことは自然によって与えられた親近関係の顕現であり、自然に従うことなのである。人間にあっては、理性が最高の能力であるが、その理性は衝動とつながっている。動物の場合には、衝動が過剰になって自然に反するようになることはない。ところが、人間の場合には、理性が倒錯していると誤って判断を下し、**過剰な衝動**（＝感情）を誘発し、自然に反するという事態が生じてくる。だから、道徳問題が生じるのは人間の場合だけである。

　右のように、衝動や理性は構造的基礎をもっている。だから、人間の道徳性は理性（＝構造）の変化の関数ということになる。最初、霊魂の主導的部分が**白紙**の嬰児《えいじ》は衝動によって自己保存を達成する。これは、いわば、道徳以前の段階である。理性の発達は七歳からはじまり七年を必要とする。この理性は知覚や衝動の敵対者としてでなく、衝動を指導する技術者として作用する。幼児でも、自分に適切なものに遭遇するとそれに向かい、不適切なものに遭遇するとそれに背を向ける。この過程の中で、人間の理性的素質は比較経験を通して、自己の存在にとって有益なものと有害なものに関する**先取観念**をもつようになる。この先取観念の内容は、さしあたっては、動物的身体構造についての意識と身体にとって優先的なものである。七歳の児童は次第に理性を用い因果などの概念による判断に向かう。青年になると、生活経験に支えられて生じる先取観念は、初期の動物性

キケロ

や身体にとって優先的なものを内容としないで、人間の自然（＝本性）に向けられる。理性的なものという固有の構造を経験し、真に自然に合った善を経験する。この段階になると、以前の身体にとって優先的なものはすべて色褪《あ》せて二義的な重要性しかもたなくなり、道徳外的（＝無規《アディアフォラ》）なものに格下げされる。

最終的な道徳的認識はいちばん整備されて精妙な知識の形態である、と言えよう。適・不適にうながされる自己保存の衝動は外部の事物の刺激によって生じるので、知覚の次元でしかない。それは、外部の事物がなかったら、生じてこない知覚である。ところが、最終の道徳的認識では、外部からくる適・不適はいわば濾過《ろか》されており、理性によって真に価値あるものとされるものが内容となる。このように外部的条件に左右されない点で、道徳的認識は自律的である。理性の発達は価値の転換をもたらすのである。

道徳性の発達

キケロは、ストアの道徳性の発達論を紹介する。「次にくるのは以下の分類である。すなわち、一方には、それ自体、自然に従っているもの、あるいはそういうものを生み出すもの、ひいてそれゆえにある量の価値（――ストアはアクシアーと呼ぶ――）をもつものとして選択に値するものがある。そして、他方には、前者と反対の価値のないものがある。こうして、自然に従っているものはそれ自体のゆえに選ばれるもの《スメンダ》であり、その反対のものは忌避されるもの《レイキエンダ》である、とされた。最初の適切な行為《オフイキウム》（――これはカテーコンと呼ばれる――）は、自己を自然の状態に保つことである。次の適切な行為は、自然に従っているものを固守してその反対のものを撃退することである。選択と忌避の原理が発見されると、適切な行為に導かれた選択が次に続く。次いで、この選択が続けられ、そこで最後に完全に首尾一貫していて自然と完全に調和した選択がくる。この最終段階ではじめて真に善と呼ばれるものが出現しその本質が理解される。人間の最初の愛着《コンキリアテイオ》は自然に従っている事物に向けられるが、洞察力あるいは観念《ノチオ》（――彼らがエンノイアーと呼ぶもの――）をもつようになり、行為を支配する秩序と調和を認めるようになる。それとともに、人間は最初に愛していたものすべてよりもこの調和をはるかに高く評価し、また、認識と理性によってこの調和にこそそれだけで称賛され望ましいとされる最高善があると結論する。この最高善が、お気に召せば、和合《コンベニエンティア》（――ストアの整合的生《ホモロギア》――）と呼ぶものの本質をなす。こうして、目的（――ほかの一切はそれへの手段――）である善はその和合にあるのだから、道徳的行為と徳《オネスツム》（――これだけが善と認められる――）だけが、のちに生じるとはいえ、その効験《こうけん》と価値のゆえに、唯一の望ましいものである。それに対して、最初の自然の対象はそれ自体で望ましいものではない。」[96] この文章を解説しよう。

右の文章では、自然に従った生き方の三段階が区別されている。次に、道徳性発達の順序に従って、それを述べていこう。

生き方の三段階

1　衝動による生き方　この生き方は、大自然が動物に与えた最初の親近関係の意識（＝衝動）に基づく生き方である。乳幼児は、動物と同じに、自己保存の始源的衝動をもって生き、特定の食物や住みかや親の愛を求める。ひいて自分の本性に一致しているものを固守し、その反対を撃退する。この過程の中で、識別しないままに追及していた初期段階から、親近的なものを識別・選別することを学習する段階への移行が実現される。

2　適切な行為による生き方　やがて、人間は言語を学習し、それとともに社会的存在者となり、新様式の適切な行為（――キケロはこれを義務《オフィキイウム》と訳した。適訳とは言えず誤解を招く――）が指示される。この段階では、出発点は、衝動や本能ではなくて理性であり、具体的には「何をしたらよいか」である。つまり、親近的なものすなわち自然に従っているものが理性的な選択の対象となっている。適切な行為の事例は、両親・兄弟・祖国に対する敬愛、健康の留意などで、理性的となった人間はこれらが自分にふさわしいと認識する。理性がさらに発達すれば、適切な行為の範囲も拡大し、個人を離れて社会生活に貢献することにもなる。

それにしても、この適切な行為はまだ善悪の領域には入ってきていない。そのわけはこうだ。第一に、自然に従っているものは善《アガトン》ではないからだ。それらは優先されるものであり、相対的価値をもっている。けれども、第一級の価値ではない。徳だけが絶対的価値である。第二に、適切な行為では、それが実現する成果が重視されて、行為者の精神的態度が重視されていないからだ。実現される成果すなわち自然に従っているものの価値は客観的に決められている。だから、適切な行為は「これを避けて、あれをなせ」というような指令・規則と結びついている。成果を獲得するために行為者が使用することになる規則がある。しかし、その規則は適切な行為を遂行する場合の規則であって、行為者の精神的態度には適用されない。行為者は、法律家の法解釈を受認するように、規則を受認する。しかし、それらの規則を作り出しはしない。

以上の点から、適切な行為については、次の諸点を注意しなければならなくなる。第一に、ときには所定の規則が間違っていることもあるということ、第二に、適切な行為は善人によっても悪人によってもなされうること、および、知らずに間違った理由に基づいてなされることもあるということ、第三に、自然に従っているものの獲得所有は、外部環境に依存することが多く、われわれの力の及ばない点があるということ、第四に、人間は富・栄誉・健康を獲得していても不幸であることも、それらを欠いていても幸福であることもあること、である。適切な行為は、優先性についての客観的規則に導かれて、自然に従っているものを獲得する。しかし、人生の目的などの絶対的価値を追求するものではない。だから、適切な行為は幸福とか善とかに対しては無規である。

3　徳による生き方　適切な行為が連続的に選択されるようになっても、未来にわたってもそれが貫かれる保証はない。正常な状況では、健康、家族・友人・祖国への奉仕などが適切な行為である。だが、危機的状況においては、自殺を含む自己毀損《きそん》、財産放擲《ほうてき》、尊属殺人が適切な行為となることもあろう。適切な行為と決めるためには、状況の知識が不可欠である。別言すれば、事象の因《ヘイ》果連鎖《マルメネー》を知りつくしていなくてはならない。自然と整合的な生き方とは、因果連鎖の知識に整合した選択を進めることである。徳とは、適切な行為を賢明に、思慮的に、道徳的に、正義に基づいて遂行する仕方のことである。そこに道徳的行為《カトルトーマタ》が成立する。犬学派に傾斜したアリストン〔ゼノンの弟子〕が道徳的に無規なものの善悪を否定したとき、クリュシッポスは、「ひとたび自然〔人間の〕および自然に従っているものを捨ててしまったら、私は何を適切な行為の始源《アルケー》とし何を徳《アレテー》の材《ヒュ》料《レー》としたらよいのだろうか」[97]と反論した。つまり、適切な行為は自然に従ったものを始源とし、徳の作動する領域を形成する、のである。だから、すべての道徳的行為は適切な行為である。だが、その反対は成立しない。こうして、道徳的行為では精神の態度が重視され、行為の成果すなわち自然に従っているものの獲得は偶然のこととされ、価値が転換される。「目標は自然に従っているものを賢明に選択・採用することであり、自然に従っているもの自体とその所有は目標ではないのだから。」[98]実に、道徳的にうるわしいものだけが善である（monon to kallon agathon）。

人の在り方

「賢人《ソポス》のなすことはすべて徳《アレテー》であり」99、その行為は適切な行為である。他方、賢人ならぬ低俗もしくは発達途上の人も、性向と行為が非理性的であっても、適切な行為をなす。等しく適切な行為と言われるものを賢人の場合には道徳的行為《カトルトーマタ》となし、非賢人の場合に欠点《ハマルテーマ》とするものは何か。それはそれぞれの性向である。泥酔者が何を言おうと、誰も相手にしない。子供が成人がなすのと同じことをどれだけなそうと、子供の仕業としか見られない。非賢人が賢人がなすのと同じことをどれだけなそうと、その行為は賢明でない内部姿勢から発していて道徳的とはならない。性向が行為の道徳性を決定する。同じ行為を道徳的に善とする道徳的性向とはどういうものか。この問いに答える前に、まず、総じて徳・悪徳の名の下で何を考えているのか、その点に迫ろう。

人力をはるかに超え自然の支配にゆだねられている事態に接すると、誰しも二様の実感を抱く。第一には、自分の有限性・被限定性を痛感し、自分は人生を身にふりかかったものとして生きていると感じる。第二には、目をあげて、それにもかかわらず自分は自由で自立的かつ自足的な人生を生きていると感じる。第一の実感には、人間が投げこまれている現実は運命・自然・摂理に支配されているという観念がともなっている。すべての存在は、理性的法則に従って全存在を存在させている神的自然に由来する、と解釈される。この解釈に思い至ると、人間的自由に先行する所与の存在・生起から、法則的側面をそのままにしながら、恣意《しい》性・偶然性・不透明性を除去しようとする。以前には偶然的とか宿命的とかと語られていた事象が法則的に作用する原因の体系に還元されてくる。人間的自由は、おのずから存在・生起する事象に対して、違った仕方で対処しうるということを本質とする。

この対処能力の知的側面は二様に現れる。第一に、事物・事象を結びつけている法則を究明しようとしない人は、自然と自然の作用は暴威であって、自分は行方もわからないままに投げ出されている、と観念しよう。第二に、自分の自由を経験した人は、自然の法則を求めて自然学にうちこんでいこう。自然を原因の連鎖としてとらえ、天の一角に起こった事象と人間界に起こる事象とを因果で結びつけ、卜占《ぼくせん》を自然学的に解していくことになる。そして、すべての事象はあらかじめ決定されていて、時間の経過とともに糸巻きをほどくように順番にくり出されている、と悟るであろう。

この対処能力の実践的側面も二様に現れる。人間の努力はもの（――完全には人の手中になく、自然によって与えられたり取り上げられたりする――）にかかわっている。一方で、際限もなくそういうものの獲得や回避にとりつかれている人は、運命の奴隷となり、運命に翻弄《ほんろう》される。他方で、そういうものから撤退して、努力の成否を留保している人は、自由を獲得する。ほかの動物は自然によって自己の存在に親近しており、自分の自然に従った事物を取得・享受するという衝動で生きている。理性的存在者だけがこの衝動と親近関係に対して距離を置くことができる。人間は、理性によって、自分の特殊的自然、それにともなう制約の虜《とりこ》になっている状況をつき破り、超越していく。こうして、その特殊性を越えて全体の部分であることを観念し経験するとき、人間は自由となる。神的で全体的な自然と意識的かつ意志的に一体化すれば、人は可死的な神となる。可死性はいささかも損傷ではない。人の一生は、プラトン年ごとに永劫に回帰する世界史の中の一事件なのだから。

賢人は本来的な人の在り方に徹している。賢人のもっている徳は、自然に従っているものに対する対処の仕方である。あるいは逆に、自然に従っているものは徳の作動領域（＝材料《ヒュレー》）である。賢人も富・名誉・健康が善であるかのように語ろう。だが、いつも距離をおいてそれらに接する。ちょうど、聖パウロが「世と交渉のある者は、それに深入りしないようにするべきである。――わたしがこう言うのは、あなたがたの利益になると思うからであって、あなたがたを束縛するためではない」と言ったように。

賢人の精神状態＝性向　賢人の精神（＝理性）の状態を表すのに、ストアは特別の用語、性向《ディアテシス》を用意した。すでに、自然学の中で状態《ヘクシス》と性向《ディアテシス》の相違について述べた。これを倫理学の用語で表現すればこうなる。適切な行為《カテーコンタ》を選択する状態《ヘクシス》は多少とも屈折した曲線であって、それには程度差がある。これに対し、道徳的行為《カトルトーマタ》の基礎である性向《ディアテシス》は「極限であり、最高のものであり」[100]、それには程度差はない。つまり、徳と悪徳の間には中間はない。低俗もしくは発達途上の人は、ひっくるめて徳を備えていないのである。性向はどんな場合にあっても一貫した堅忍《けんにん》不抜《ふばつ》の精神的態度であって、整合的な《ホモログーメノス》生《ビオス》の基礎である。これは、賢人のもつ完全で動揺のない精神の状態である。

性向という語は、技術的《テクニコス》・賢明な《プロニモス》・思慮深い《エウロギストス》などの形容詞と結合して用いられているし、単純に実践的英知《プロネーシス》と同一視されている。ある人は、実践的英知はそれに特別な技術的所業をもっていないのだから、実践的英和は生活についての技術ではない、と主張しよう。この主張に答えてストアは言う。「すべての所業《エルガ》〔――たとえば、両親に対する敬愛――〕は万人〔――徳のある人にもない人にも――〕に共通であるとはいえ、技術的な性向と非技術的な性向のどちらから生じるかによって区別される。……実践的英知から両親を敬愛することは賢人に特別なことであり、こうして、賢人《ソポス》は生活についての技術をもっており、その技術に特別な所業は最上の性向から各行為をなすことである。」[101] この文章に見られるように、性向とは賢人のもつ実践的英知のことである。ストアは、四元徳の中で英知《プロネーシス》をいちばん重視し、節制とは選択を求められている事がらについての英知、勇気とは忍耐を求められている事がらについての英知、正義とは分配を求められている事がらについての英知というように、ほかの三元徳を英知を用いて定義した。アリストテレスは、実践知《プロネーシス》と理論知《ソピア》とを区別し、前者よりも後者に優位を与えた。これに対し、ストアは、実践知の中に理論知を含みこませたのである。個人の生き方を重視するヘレニズム倫理学の側面がにじみ出ている。
名工は材木の性質やきずを一目で見抜く。そのように、道徳的性向《ディアテシス》＝実践的英知《プロネーシス》をそなえた賢人は、眼前の事態の真偽を判定するときにも、事態を選択するときにも、誤りはしない。また、名工は全体の見通しを立て、しっかりした計画の下で規則的に着々と作業を進めるので、その作品には狂いがない。そのように、賢人はいつも平静に道徳的行為を遂行し、自分の生涯を芸術作品のように仕上げる。ここには、賢人の行為に見られる体系的で規則に導かれた秩序が考えられている。

以上の二項に加えて、第三に、ストアは、「道徳的行為《カトルトーマタ》は時宜にかなった行為である」[102]と言う。堅忍《けんにん》不抜《ふばつ》の性向に加えて、具体的状況に即した判断力が求められている。実際、不可避的に降りかかる事態に立ち向かったり甘受したりする行為の中では、どういう望ましい事態が実現でき、どういう望ましくない事態が回避できるのかを見極めなくてはならない。賢人はいつもちょうどよい時に（時宜性《エウカイリア》）行為し、これ以上によくは行為できなかったということを知っている。だから、行為を後悔することはない。賢人は、神的自然が示す合図を読みとる能力をもっているので、卜占者となりうる唯一の人物である。この能力によって、彼は行為の時宜性を把握できるのである。

すでに、道徳性の発達の中で引用したキケロの文章が示すように、道徳的性向・道徳的行為・徳・実践的英知が登場する段階になると、価値の転換が実現する。徳以前の段階で自然に従っているものという語句中の自然とは、大自然の部分としての特殊人間的自然（＝人性）のことである。

衝動や適切な行為の対象は人性に適合したものである。食物、住みかから健康、富、名誉にいたるまで、人間はそれらに価値を認め、日常的にはそれらを善と呼び、選択し追求する。大自然がそのように行動するように仕組んだのだという意識はまだ明確になっていない。人間以外の生物はその自然に調和した通りに運動し生きている。だが、人間の場合には、この人性に調和した生き方が問題となってくる。「果たして、それがすべてか」と。

大自然は、事象の原因連鎖であって、技術的に働く火（＝神的ロゴス）によって上演されるドラマである。各存在者には、そのドラマの中でそれぞれの役が割り当てられている。この自然観を背景にするとき、整合とは、自分に与えられた独自の役割を十全に果たすことだということになる。人間の究極目標は、みずからの実践的英知を駆使して、全体のドラマの完成に参画することだ。自分が積極的に追求しているものがそのまま大自然の運行と一致するということ、そんな英知はまさに人間の限界を超えていよう。人性に適合したものなどはこの究極目標に対して何の寄与もしないだろう。価値は転換されることになる。だが、ストアでは誰ひとりとして賢人を自任しなかった。賢人とは、人間の極限であり、及びがたい理想像なのである。

ストアの真意

ギリシア倫理思想は目的論をとる。ストアも例外ではない。ストアは言う。「幸福であることが目標である。そのために一切はなされるが、幸福であることはほかのもののためになされはしない。幸福は、徳に従って生きること、整合的に生きること、あるいは同じことだが、自然に従って生きることにある」[103] と。引用文中には、幸福についての三定式がある。この中の第二定式「整合的に生きること」は、別の資料では、「自然に整合して生きること」とされているので、第三定式と同義である。さらに、この二定式の中の自然とは大自然のことであって、人間の自然（人性）のことではない。整合的に生きることとは矛盾なく統合性のある人格として生きることであるというように形式的原理と解釈すると、ストアから離れることになる。この点に留意しておいて、幸福の定式にこめたストアの真意に迫ろう。

1　徳に従って生きること　道徳的にうるわしきこと、つまり徳だけが善である。低俗な人あるいは学習によって発達途上の人は徳をそなえてはいない。だから、そういう人々のなす行為は徳行とは言えない。ストアは完全主義をとる。徳に従って生きることは、その完璧な意味では、賢人だけに可能な生き方であろう。ところで、徳は、身にふりかかる事態を賢明に正しく処理する仕方、すなわち世界に対処する精神的態度にかかわる。人生の戦いを進めていく中では、感情は悪しき同盟軍である。憐憫《れんびん》は弱者の感情なのだ。ストアはセンチメンタリストではない。ストアは禁欲主義者と言われる。この言葉は私には肉食妻帯の禁止というように導く。しかし、すでに、シノペのディオゲネスについて述べたように、アスケーシスとは簡易生活の訓練の意味だった。ストアでも同じことだ。世俗的に善と呼ばれているもの（――生命、健康、富、名誉など――）は徳の前では第二義的でどうでもよいものとなる。積極的に選択したり回避したりする対象ではなくなる。ストアの禁欲主義とはそうなるように訓練し、徳への道を努力することである。もちろん、これは至難の業であろう。ストアの求めたものは、雨と降りくる矢玉に冷静に対処し、目を挙げて戦う英雄の姿なのだ。アレクサンドロスが世界を征服したように、ストアは自己自身を克服するのである。

2　自然に一致して生きること　徳が賢明に正しく対処する仕方である限り、徳は秩序を予想する。もちろん、その秩序は、法・慣習を含む既成の社会規範であるわけがない。アレクサンドロスによって、伝統的な秩序も価値観も崩壊させられた。人間の自然（人性）の中の残虐で淫猥《いんわい》な部分は遠征軍を強盗殺人者と慰安婦の集団に変えていった。しかし、自然以外のどこにも秩序の根拠は求められはしない。ストアは、徳が予想する秩序を自然に求めた。自然学は、自然が技術的な火（＝神的ロゴス）によって支配されていることを明らかにした。人間の理性《ロゴス》も自然のロゴスも同じである。人間がもつべき知識は、宇宙と宇宙における人間の地位を包括してはじめて完成する。別言すれば、正しい理《オルトス・ロゴス》は神と同じなのだから、神についての正しい思想をもってはじめて人間は賢人となる。賢人は神と同じなのだ。賢人は、自然の正しい理すなわち自然の法を知り、それに従って生きるのである。「真実の法とは、実に、自然と一致し、すべてに妥当する、不変にして永遠の正しい理である。」[104]

ストア哲学は、運命を甘受することを説く忍従の哲学ではない。事物・事象の結合と変化を指令している全体的運命へと自発的に自己高揚することを勧める哲学である。個人の努力が個人性を超えて全体を支配するものと一致整合するとき、調和した生の流れは成就される。確かに、この賢人の思想とその実践的実現の可能性の間には大きなギャップがある。「賢人の極度の壮大さとうるわしさのゆえに、われわれは虚構まがいに人間や人間の自立と一致しないものを述べているようにみえる」[105]と述懐されている。あらゆる美辞麗句の対象である賢人は現実には見つからないだろう。

賢人を規準とすれば、われわれはすべて愚劣な悪人である。しかし、勤勉な努力と教育とは、われわれを限りなく賢人に近づけるだろう。ストアは、賢人の理想を高くかかげ、それに向かってのたゆまぬ努力を説く。この理想主義は、体制の変革を迫る急進的な政治理論へと発展する可能性を秘めている。

（注）

1 Fr59 2 Cic.Tusc.Disp Ⅲ, XVⅢ, 42 3 Fr33 4 DLX2 5 PD5 6 VS52 7 Fr39, 37 8 DLX120 9 DLX31 10 DLX124 11 DLX152, PD37 12 DLX163, PD38 13 DLX37, 38 14 DLX33 15 DLX50～52 16 PD24 17 Lucr.Ⅳ722～776 18 DLX52 19 PD23 20 DLX31, 32 21 PD24 22 Lucr.Ⅳ473～479 23 Lucr.Ⅳ482～485, DLX32 24 DLX129, 34 25 DLX131 26 Lucr.Ⅱ963～966 27 DLX148 28 VS33 29 DLX144～145 30 DLX127, 149 31 DLX129 32 DK67 B 2, DK68, A 1 33 DLX41 34 DK68A39 35 DLX42 36 DK68A37, Arist.De gen.et corr.314a 21～ 37 Arist.Phys.231b 15 38 Arist.Phys. 235a 36 39 DLX50 40 Arist.Met.1071b 33 41 DK67A14 42 DLX61 43 DLX62 44 DLX46 45 DLX47 46 Arist. NE.1109b 30 47 Lucr.Ⅱ284～293 48 Lucr.Ⅲ294～307 49 Lucr.Ⅱ251～260 50 Lucr.Ⅲ566～ 51 DLX61 52 DLX140=PD4 53 Athen.Ⅶ280, Ⅻ546 54 DLX137 55 Arist.NE.1104b 24 56 Cic.Tusc.Disp.Ⅲ, XVⅢ, 41～42 57 SVFⅡ83 58 DL Ⅶ157～ 59 SVFⅡ83 60 SVFⅡ87 61 SVFⅢ69 62 SVFⅡ56 63 SVFⅡ54 64 SVFⅡ65 65 SE.Ad.M.Ⅷ11, 12 66 SE.Ad.M.Ⅷ70 67 DL Ⅶ87, 88 68 SE.Ad.M.Ⅶ38～42 69 DLⅦ156 70 DK22 B 30 71 DL Ⅶ134 72 DL Ⅶ136 73 DLⅦ137 74 SVFⅡ 911 75 SVFⅡ458 76 SVFⅡ449 77 SVFⅡ1013 78 SVFⅠ87 79 DLⅦ139 80 DL Ⅶ140 81 SVF Ⅱ528 82 SE.Ad.M. Ⅸ211 83 SVFⅡ945 84 SVF Ⅱ945 85 DL Ⅶ149, SVFⅡ 975, SVFⅡ 1000 86 Cic.De Divinat.Ⅰ 125～127 87 SVFⅡ 349 88 SVFⅡ350 89 DL Ⅶ151 90 SVFⅡ393 91 DL Ⅶ 111 92 SVF Ⅲ459 93 DL Ⅶ 110 94 DL Ⅶ 115 95 DL Ⅶ 85, 86 96 Cic.De Fin.Ⅲ20, 21 97 SVFⅢ 491 98 SVF Ⅲ 195 99 SVFⅢ 557 100 SVFⅡ 293 101 SVF Ⅲ 516 102 SVFⅢ 502 103 SVFⅢ 16 104 Cic.De Repub.ⅢXXⅡ 33 105 SVFⅢ 545

あとがき

巻末の年表でわかるように、アレクサンドロス死後のヘレニズム期は後継者たちの相つぐ戦争の時代であった。その間に、アレクサンドロスの血統は絶え、アンティゴノス一世の帝国統一の夢もイプソスの敗戦によって砕かれ、三王国鼎立が現実となった。その末路はローマによる征服であり、古典ギリシアの栄光の日々は去った。アクロポリスの神殿の前に立ち、崩れた破風を支える列柱の合間を通して鮮麗な碧空《へきくう》を仰ぎ見るとき、人間の業の愚かさが胸をつく。

エピクロスとゼノンは、伝統的な社会規範の権威が失われ、人々が苦難にみちた生活の中で適帰《てっき》するところを模索していた時代に生き、人々に人間の生き方を教えたのだった。エピクロスは、俗世に背を向けて学園に閉じこもり、平静と友愛を軸とする幸福な生き方を推奨した。その教説は庶民に親しまれてヘレニズム世界に浸透し、ローマのルクレティウスやユベナリウスにつながる。この教説は、神の摂理と霊魂の不死を否定した点で、キリスト教から退けられ、中世でもキケロの強い影響の下では受けいれられなかった。しかし、一七世紀にガサンディが神による原子創造説を打ち出してから復興し、ベルニエを通してJ＝ロックやD＝ヒュームに影響を与え、ひいて功利主義へとつながっていった。

　ゼノンは、エピクロスと反対に、人々の集まるアゴラの絵画列柱廊で公然と講義した。その内容は、大自然のドラマに参画して生きる生き方を柱とした。この教説は、ポシドニオスの中期ストアを通してキケロによって紹介され、ローマ貴族の伝統的美徳に理論的根拠を提供した。セネカ、エピクテトス、マルクス＝アウレリウスがその代表的著述家である。また、教父クレメントはこの教説をキリスト教に親近させ、下って一六世紀にはカルヴィンの運命予定説の基調となった。カントもその『実践理性批判』の中でポシドニオスの言葉を引くのを忘れてはいない。この教説は、自然法の名のもとに人間性の尊厳を訴えてやまない。

　執筆にあたって、筆者の念頭を去来してやまなかったものは、連綿と続いた二つの哲学の系譜であった。だが、それに触れることは本書の埒外《らちがい》である。さりながら、読者諸氏がその点に留意して読んで下さることを切望する。

　最後に、電話でしばしばはげましの言葉を送って下さった清水幸雄氏に、生原稿を精読して小見出しを考案して下さった徳永隆氏に、精読して最後の割り付けを担当して下さった飯田倫子氏に心からの謝辞をささげる。これら清水書院のスタッフの御助力がなかったら、本書が日の目を見ることはなかったろう。

学派の系譜

（注 欄内のC. は、年代が確かでないことを示す）

アカデメイア	逍遙学派	ピュロニスト	ストア学派	エピクロス学派
紀元前 三四七 プラトン死、スペウシッポス継ぐ 三三九 スペウシッポス死、クセノクラテス継ぐ 三一四 クセノクラテス死、ポレモン継ぐ C.二九五 アルケシラオス、アテナイに着く C.二七六 ポレモン死、クラテス継ぐ C.二七三 クラテス死、アルケシラオス継ぎ、懐疑論に転ず	紀元前 三四三 アリストテレス、アレクサンドロスの師傅 三三五 アリストテレス、リュケイオンを開く 三二二 アリストテレス死、テオプラストス継ぐ アルケシラオス、テオプラストスの下で学ぶ C.二八七 テオプラストス死、ストラトン継ぐ C.二六九 ストラトン死、リュコン継ぐ	紀元前 C.三六五 ピュロン生 C.三三四～三二三 ピュロンとアナクサルコス、アレクサンドロスに随行して東方へ C.三二五 ティモン生 C.二七〇 ピュロン死	紀元前 三三六 ゼノン生 三一一 ゼノン、アテナイに着き、以来、クラテス(犬学派)、スチルポン、ポレモン、ディオドロスの下で学ぶ ペルサイオス（盛年二八〇～二四三） キオスのアリストン（盛年C.二七〇～二五〇） 二六四 ゼノン死、クレアンテス継ぐ	紀元前 三四一 エピクロス生 C.三二八 パンピロスの下で学ぶ 三二一 ナウシパネスの下で学ぶ 三一一～三一〇 ミュティレネ、ランプサコスで学派を樹立 二七〇 エピクロス死、ヘルマルコス継ぐ

二四二 アルケシラオス死、ラキュデス継ぐ C.二一九 カルネアデス生 (?) カルネアデス、学頭となる 一五五 カルネアデス、クリトラオス（逍遙学派）・ディオゲネス（ストア派）とともにローマへ使節 一三七 カルネアデス、病気引退 一二九 カルネアデス死 C.一二八 クリトマコス、学頭となる C.一一〇 クリトマコス死、ラリサのピロ継ぐ C.八七 アンチオコス学頭となり初期アカデメイアに回帰 四五〜四四 キケロの大部分の哲学的著作
二三五 ティモン死 C.九〇〜八〇 エネシデモス、ピュロニズムを復活 セクストウス＝エムペイリコス（紀元二〇〇）
二三二 クレアンテス死、クリュシッポス継ぐ C.二〇六 クリュシッポス死、タルソスのゼノン継ぐ (?) ゼノン死、バビロンのディオゲネス継ぐ 一五二 ディオゲネス死、アンチパトロス継ぐ 一二九 アンチパトロス死、パナイチオス継ぐ 一〇九 パナイチオス死 ポシドニオス（一三五〜五一）
シドンのゼノン（C.一五五〜C.七五） C.五五 ルクレティウス『物の本質について』

エピクロスとストア年譜

西暦	年齢 ←エピクロス	年齢 ←ゼノン	ギリシアおよび哲学	ヘレニズム世界
前三四七			プラトン死。スペウシッポス継ぐ。	
三四三			イソクラテス、フィリッポスⅡによるギリシア統一を提唱し、デモステネスと対立する。	アリストテレス、アレクサンドロスの師となる。
三四一			**エピクロス、サモスで誕生。**	
三四〇	1		アテナイ、フィリッポスⅡと開戦。犬学派のディオゲネス、シノペを追放される。	フィリッポスⅡ、ビザンティオンとペリントスの両市を攻囲。
三三九	2		スペウシッポス死去。クセノクラテス、アカデメイア学頭を継ぐ	
三三八	3		イソクラテス死去。	**カイロネイアの戦。**コリント同盟結成。フィリッポスⅡ、その盟主となる。
三三七	4			対ペルシア戦を決定。
三三六	5		**ゼノン、キプロスのキティオンで誕生。**ギリシア諸市の離反は制圧される。	ダレイオスⅢ、ペルシアで即位。六月フィリッポスⅡ刺殺され**アレクサンドロス即位。**
三三五	6	1	アレクサンドロス、テバイを破壊。	アレクサンドロス、ドナウ河まで侵攻。

三三四	7	2	ピロンとアナクサルコス、アレクサンドロスの東征に従う（〜三二三）。	アレクサンドロス、ダーダネルスを渡る。五月、**グラニコス河畔**でペルシア総督の軍を破る。カリアとフリギアを制圧。
三三三	8	3		一一月、**イッソスの戦**。
三三二	9	4		アレクサンドロス、シリアとエジプトを制圧。アレクサンドリア建都。
三三一	10	5	アンティパトロス、スパルタを制圧。**ストアのクレアンテス誕生**。	一〇月、**ガウガメラの戦**。アレクサンドロス、アジア王を宣言、スサに入り金庫を収める。
三三〇	11	6	犬学派ディオゲネス、アテナイで有名となる。	ペルセポリス炎上。六月、エクバタナを制圧。**ダレイオスⅢ死去**。
三二九	12	7		東部イランを制圧、ヤクサルテス河を渡る。
三二八	13	8	テバイ出の犬学派クラテスの盛年。	アレクサンドロス、ソグディアナを制圧し**ロクサネ**と結婚。秋、友クレイトスを殺す。
三二七	14	9	**エピクロス、パンピロスに学ぶ**。	アレクサンドロス、インドに向かう。
三二六	15	10		アレクサンドロス、ヒュダスペス河畔でポロスの象軍に勝つも、軍の抗命により帰途に。
三二五	16	11	ピロニストのティモン誕生。	七月、インダス河口のパトラに到着、ゲドロシアの砂漠を渡る。
三二四	17	12	デモステネス、アテナイを追放される。	春、スサに帰着。マケドニア人とイラン人の娘との八〇組の婚礼。アレクサンドロス自

三二三	18	13	アレクサンドロスの訃報に接し、アテナイはアイトリアと同盟し、デモステネスを召喚して、アンティパトロスを**ラミア**に囲む。アリストテレス、アテナイを追放される。**晩夏、エピクロス、アテナイに到着し壮丁となる。**アカデメイアに学び、デモクリトスにひかれる。	身もダレイオスの娘と結婚。**六月、アレクサンドロス死去。**ペルジッカス会議を召集。共同王を擁立、勢力範囲の分割を決し、自ら摂政に。アンティパトロスはマケドニアとギリシアを、アンティゴノスはフリギアとリキアを、プトレマイオスはエジプトを、リュシマコスはトラキアを委任される。フィリッポスⅢの後見人クラテロス、アンティパトロス救援にマケドニアへ。
三二二	19	14	アリストテレス死去。テオプラストス継ぐ。アンティパトロスとクラテロスはラミア戦を終わらせ、アテナイに駐屯軍を置く。	春、ペルジッカス、カッパドキアに侵攻。アンティゴノス、アンティパトロスの海軍を委任され、カリアに上陸。プトレマイオスと共に対ペルジッカス連合を結ぶ。
三二一	20	15	**エピクロス、コロポンに帰り、パンピロス（プラトン派）・プラクシパネス（逍遙学派）に学び、テオスではナウシパネス（原子論者）に学び、自然学を研究する。**	ペルジッカスの別軍エウメネス、**クラテロス**を小アジアで**戦死**さす。主力軍はエジプトに向かい、ナイル渡河に失敗。軍は離反し**ペルジッカスを殺し**、摂政をプトレマイオスに。北部シリアの**トリパラディソス会議**で職責配分。アンティパトロスは摂政、アンティゴノスはバビロン総督となり、ペルジッカス

				軍の司令としてエウメネス討伐に向かう。
三二〇	21	16	犬学派のディオゲネス、この頃死去。	春、アンティゴノス、カッパドキアに侵攻しエウメネスを敗走させる。
三一九	22	17	ポリュペルコン、ギリシアを味方にした戦争準備のため、ギリシア諸都市の自由を宣言する。アテナイでは民主派のポキオンが勢を得る。	春、**アンティパトロス死去**。息子カッサンドロスをおいてポリュペルコンを摂政としたため両者不和となる。アンティゴノス、東部の不服従の総督を制圧。プトレマイオス、シリアを併合。
三一八	23	18	カッサンドロス、ピレウスを占領。パレルロンのデメトリオスを含む寡頭派がアテナイ民会を制圧し、ポキオンを捕らえてポリュペルコンに送る。	一〇月、エウメネス、バビロンを占領。セレウコス、アンティゴノスに助けを求め、エウメネスをバビロンから追い出し総督となる。カッサンドロス、メガロポリスでポリュペルコンを破る。
三一七	24	19	一月、カッサンドロスによってパレルロンのデメトリオス、アテナイの知事となる。	春、カッサンドロス、ポリュペルコンをマケドニアから追い出し、ロクサネとアレクサンドロスⅣを収める。秋、アンティゴノス、パライタケネーで**エウメネスを破り処刑する**。
三一六	25	20	春、カッサンドロス、ピドナを攻め、故王の母オリンピアスを殺す。ロクサネとアレクサンドロスⅣを幽閉、建都。	夏、アンティゴノス、強大となってバビロンに入り、セレウコスに金品供出を求める。セレウコス、エジプトに向かう。

三一五	26	21		年初、連合軍はアンティゴノスに分配(プトレマイオスにシリアを、リュシマコスにフリギアを、セレウコスにバビロニアを、カッサンドロスにカッパドキアとキリキアを)を要求。春、アンティゴノスの北方防衛軍、カッサンドロスをカッパドキアから追い出し、自分はシリアに向かってチレのプトレマイオス海軍を追い出し、フェニキアで艦船を建造。
三一四	27	22	クセノクラテス死去。ポレモン継ぐ。アンティゴノス、マケドニアに勝つためにギリシア諸都市の自由を宣言。	アンティゴノス、マケドニア王家に対するカッサンドロスの不正を非難。チレを収めたのち、ガザに息子デメトリオスを置く。
三一三	28	23	アンティゴノスの別軍、カッサンドロスを攻めてペロポネッソスを解放。	夏、リュシマコス、アンティゴノスのダーダネルス渡航を阻止。
三一二	29	24		春、プトレマイオス、ガザのデメトリオスを攻めキリキアに敗走させる。セレウコス、バビロンを占領し、一〇月セレウコス朝誕生。
三一一	30	25	**ゼノン、アテナイに来住。エピクロスはミュティレネで哲学教師となる。**	アンティゴノスと連合軍の一時的和平なる。**帝国が独立王国に分裂する合図である。**
三一〇	31	26	カッサンドロス、ロクサネとアレクサンドロスⅣを殺し、**王家の血統断絶。**	アンティゴノス、バビロン攻撃。プトレマイオス、セレウコスのためにアンティゴノスに

三〇九	32	27	冬、**エピクロス、ランプサコスへ。**パレルロンのデメトリオス、アテナイのアルコンとなる。	宣戦。艦隊はキリキアを伺うも阻止される。アンティゴノス、セレウコスを攻めきれず和を結ぶ。リュシマコス、**リュシマケイアを建都**。プトレマイオスとデメトリオスとの和平が成立。
三〇八	33	28	プトレマイオス、コリントとシキオンを解放するためにギリシアに。のち、カッサンドロスと和す。	
三〇七	34	29	アテナイの民主派政権下、ストラトクレス活躍する。ソポクレス法制定され、テオプラストス追放される。	アンティゴノス、帝国回復をめざし戦争を起こす。六月、デメトリオス、アテナイ解放を名にピレウスに上陸、民主派政府を樹立。**パレルロンのデメトリオス、テバイに去る。**
三〇六	35	30	ソポクレス法廃止され、テオプラストスも召喚される。**エピクロス、アテナイで学園をひらく。**	アンティゴノス、**アンティゴネイア建都**。デメトリオス、キプロスのサラミス沖でプトレマイオスに勝つ。父と共に王を称す。一一月、アンティゴノス、エジプト遠征に失敗。
三〇五	36	31	アテナイのオリンピオドロス、エラテアでカッサンドロスを破る。	春、デメトリオスのロードス島攻撃は不成功。プトレマイオス、王を称し、カッサンドロス・リュシマコス・セレウコスもこれにならう。
三〇四	37	32	カッサンドロス、ボエオティアを得て	アンティゴノス、エジプト遠征に失敗したの

			アテナイに侵入。デメトリオス、アウリスに上陸しテルモピレーでカッサンドロスを破り、パルテノンに宿泊。	ち、ロードス島と和す。
三〇三	38	33	デメトリオス、反ストラトクレスの革命家デモカレスを弾圧。	デメトリオス、コリント同盟を更改し、父アンティゴノスと共にその盟主となる。
三〇二	39	34	春、デメトリオス、テッサリアに侵入し、カッサンドロスと対す。	カッサンドロス・リュシマコス・プトレマイオス・セレウコスが対アンティゴノス策戦を協議。セレウコス西進し、リュシマコス南下して、アンティゴノスを挟撃のかまえ。アンティゴノス、子デメトリオスを呼ぶ。
三〇一	40	35	ストラトクレスの親アンティゴノス朝政権、崩壊。どの王朝に対しても中立な中道派による政府を樹立。**ゼノン、絵画列柱廊で講義を開始。**（アレクサンドロス帝国の統一が不可能なことが立証された年）	春、プトレマイオス、シリアへ。**イプソスの戦、敗者アンティゴノスは殺され**、その領土はリュシマコス（タウロス以北）とセレウコス（メソポタミアとシリア）に分配される。エペソスに逃走したデメトリオスは、シドンとチレを領し海上権を保持し復活を目ざす。
三〇〇	41	36	イプソス戦の勝利者の間の相互不信に助けられ、アテナイは自由を保つ（〜二九五）。	セレウコス、アンティオキアを建都。シリアをめぐりプトレマイオスと確執。
二九九	42	37	アテナイとカッサンドロス、和議。	プトレマイオス、カッサンドロスとリュシマ

二九八	43	38		コスに接近。危険を感じたセレウコスはデメトリオスを復活させる。後者は小アジアへ。
二九七	44	39	カッサンドロスに支持されたラカレス、アテナイで政権をとる。テッサロニケの分割統治の指示によりマケドニアは侵略・内戦の場となる。	五月、**カッサンドロス、ペラで死去。**九月、**その子フィリッポスⅣ、エラテアで死去。**カッサンドロスの妻テッサロニケ、遺児アンティパトロス（西部マケドニアとテッサリア）とアレクサンドロスⅤ（アクシウス河以東）に分割統治を指示。
二九六	45	40	アテナイでラカレスと民主派の意見衝突。民主派援助のためにデメトリオスはピレウスに向かうが、難破してペロポネッソスに退く。	セレウコス、デメトリオスにシドンとチレの割譲を求め、両者断交。デメトリオスはギリシアに向かう。リュシマコス・セレウコス・プトレマイオスは対デメトリオス連合を結び、シドンとチレを除くデメトリオスの小アジア領を奪う。
二九五	46	41	三月、ラカレス、アテナイの独裁者となる。民主派に呼ばれたデメトリオスはアテナイを封鎖し補給を断つ。ラカレス、**アテナ女神像の金衣をはいで戦費とする。**アカデメイアのアル	プトレマイオスはキプロス島を、セレウコスはキリキアを、リュシマコスはイオニアを獲得する。

			ケシラオス、テオプラストスに学ぶ。	
二九四	47	42	春、アテナイ降服、ラカレス逃亡、ストラトクレスの政権成立。デメトリオスはスペルタとアイトリアを除く大部分のギリシアを収める。	秋、マケドニアのアンティパトロスはテッサロニケを殺し、アレクサンドロスVに宣戦。後者はデメトリオスとエピロス王ピルスに訴える。遅着のデメトリオスにより、アレクサンドロスは殺され、その軍は彼に帰す。
二九三	48	43	ストラトクレス死去。アテナイの党派は親マケドニア派＝富者と国家主義派＝民主派に分かれる。	デメトリオス、マケドニア王となりテッサリアにデメトリアスを建都。スパルタに助けられたボエオティアの反抗を鎮圧。
二九二	49	44	デメトリオスの子アンティゴノス、ボイオティアを征し、冬にはテバイを囲む。	リュシマコス、ダニューブ河のゲタイと戦い、その王に捕らえられる。デメトリオスはこれを好機とみてヘレスポントス進出を策す。ゲタイ王はリュシマコスを解放。
二九一	50	45	デメトリオス、テバイをおとしカドメアに駐屯。	テバイ戦の死傷者に対するデメトリオスの冷酷さをアンティゴノスが非難。
二九〇	51	46	アテナイ人、ピティア祭でデメトリオスに賛歌。 **犬学派クラテス死去。**	シラクサのアガトクレスの娘ラナサ、ピルスと離婚し、嫁資コルキラをもってデメトリオスと結婚。
二八九	52	47	デメトリオス、アジア攻略の準備、まずアイトリア攻撃。ピルス、アイトリア	

			救援に赴く。	
二八八	53	48	七月、プトレマイオスの援助をうけアテナイで国家主義者の革命。パイドロスからデモカレスとオリンピオドロスに政権移り、六年間は自由となる。ランプサコス出のストラトン、テオプラストスを継いで学頭となる。	春、リュシマコスとピルス、マケドニアを挟撃。デメトリオスの海軍はドッグに、傭兵はギリシアに散在していたので、彼はマケドニア兵だけでリュシマコスに対した。九月、マケドニア兵はピルスに降服、デメトリオスは逃亡し、マケドニアは勝者により分割される。
二八七	54	49	アテナイ、ピルスとリュシマコスに救援を求めアカデメイアのクラテスを長とする使節をデメトリオスに送り、都市の保全を懇願。デメトリオス、これを入れ、到来したピルスと和す。	デメトリオス、ギリシアに急ぎ、テバイの独立を回復し、アテナイに出現。ピルスとの和の後、息子アンティゴノス＝ゴナトスをギリシアの支配者として残し、小アジアのミレトスに上陸しイオニアを攻略。
二八六	55	50	アテナイ人、リュシマコスとプトレマイオスから資金を得てアンティゴノスのギリシア駐屯軍を攻撃。	春、リュシマコスの息子アガトクレス、強軍を率いて南下。デメトリオスは抗し得ず、セレウコスのキリキアに入る。
二八五	56	51	アンティゴノス、ピレウスを失い、アテナイと講和。	デメトリオス、罹病し軍に見捨てられセレウコスに降服。リュシマコス、ピルスとの協定を破りマケドニアに侵入。ピルス撤退。プトレマイオスが海上権を獲得。
二八四	57	52		リュシマコス、イオニアを征す。

二八三	58	53		春、捕虜の**デメトリオス**、飲みすぎて**死去**。アンティゴノスⅡ、王を称し、セレウコスと和。暮、**プトレマイオスⅡ、父の死去に伴い王位継承**。プトレマイオス雷光、エジプトでの王位をあきらめてマケドニア王位を狙う。
二八二	59	54	**ストアのクレアンテス、アテナイに来住。**	リュシマコス宮廷の内紛。小アジア離反。セレウコス、タウロス河を渡り小アジアに向かい、ミレトスその他を解放。
二八一	60	55	春、無援のアテナイ、アンティゴノスの兵糧攻めに降服。ピレウスに駐屯兵を置き、中庸派による政権を樹立。	夏、**リュシマコス、コルペディオンの戦でセレウコスに敗北し殺さる**。プトレマイオス雷光捕らえらる。セレウコスの勝利は七か月間。
二八〇	61	56	サモスのアリスタルコスの盛年。**ストアのクリュシッポス、ソリで誕生。**	年初、**セレウコス**、ダーダネルスを渡ったがリュシマキア近郊で**雷光に殺される**。雷光、リュシマコスの**後継王**となる。春、アンティゴノスⅡ、マケドニアに向かったが雷光の海軍に敗退す。
二七九	62	57	アンティゴノスⅡ、スパルタ・メッセナ・アルカディアを除いて全ペロポネッソスを支配。中央ギリシア・ボイオティア・エウボエアを占領し、ピ	年初、ボルギオス揮下のガラティア人がマケドニアに侵入、**プトレマイオス雷光を殺し**、ギリシアに侵入。秋、アンティゴノスⅡはアンティオコスⅠと相互不干渉協定を結んで、

			レウスからアテナイを支配。	マケドニアに向かう。
二七八	63	58	春、アンティゴノスⅡ、トラキアからマケドニアへ。	ガラティア人、アジアに侵入し、恐怖を起こす。
二七七	64	59		
二七六	65	60	年初、アンティゴノスⅡ、マケドニア軍により王に選出される。アカデメイアのポレモン死去し、クラテス、学頭となる。	冬、アンティゴノスⅡ、アンティオコスⅠの妹と結婚。アンティオコスはプトレマイオスⅡをシリアで破る（**第一シリア戦**）。
二七五	66	61		**三王国鼎立の確立**（セレウコス朝は旧ペルシアの大部分を、プトレマイオス朝はエジプトを、アンティゴノス朝はマケドニアとコリントとピレウスを領有）。
二七四	67	62		春、イタリアから帰還したピルス、マケドニアに侵攻。アンティゴノスⅡ、テッサロニケに敗退。
二七三	68	63	クラテス死去。アルケシラオス、学頭となり懐疑派に転ずる。	年初、ピルス、エピルスに帰還。アンティゴノスⅡ、マケドニアの諸都市を手中にする。
二七二	69	64	アンティゴノスⅡの一時敗退はアテナイの親マケドニア政権の敗退につながり、エジプトの援助をうけた国家	春、ピルス、クレオメネスのスパルタ王復位を策してペロポネッソスへ。アンティゴノスⅡ、ピルスを追う。スパルタ王アレオス、待

			主義者が政権を獲得。メガロポリス、アルゴスでは親マケドニア政権。	ち伏せによりピルスの子を殺す。復讐に手間どり、アルゴスにピルスが到着したとき、アンティゴノスⅡは先着しており、投石により**ピルス死去**。アンティゴノスⅡは失地を回復。
二七一	70	65	エジプト使節、ゼノンを含む哲学者を宴に招き、反マケドニアを煽動。	アンティゴノスⅡ、マケドニア再建。
二七〇	71	66	アテナイに親マケドニア政権が復活。**エピクロス死去。ヘルマルコス継ぐ。**ピュロン死去。	七月九日、アルシノエ死去、エジプト海軍はスニオン沖の小島にキャンプ。アンティゴノスⅡ、エウボイアを併合しエレトリアに駐屯。
二六九		67	ストラトン死去、リュコン学頭を継ぐ。	
二六八		68		プトレマイオスⅡ、パトロクロス揮下の援軍をアチカに投入。
二六七		69	八月、親アンティゴノス政権倒れ、国家主義政権復活。秋、グラウコンとクレモニデス、アンティゴノスⅡに宣戦。	プトレマイオスⅡ、アテナイとスパルタを結ばせ、アンティゴノスⅡに対決させる。
二六六		70	春、アンティゴノスⅡ、アチカに侵入。	スパルタ王アレオス、ペロポネッソス軍を率いて北上。秋、アレオス、コリント越えに失敗して帰国。
二六五		71	アテナイ、スパルタの援助なく孤立。**ゼノンへの令旨を可決。**	**アレオス**、再度北上するもコリント近郊で**敗退し殺される。**

二六四	72	**ストアのゼノン死去。クレアンテス学頭となる。**	アンティゴノスの子、ピルスの子をマケドニアより追い出す。
二六三		アテナイ、無援となる。	エジプト海軍、小アジアに向かう。
二六二		アテナイ、飢餓に陥り、アンティゴノスに降服。	
二六一		アンティゴノスⅡ、ムウセウム丘に駐屯しアテナイを看視。**アテナイの政治的意味は失われ、文化の中心となる。**	アンティゴノスⅡとプトレマイオスⅡ、和。

	ギリシア	マケドニア	アジア	エジプト
二六〇〜	ギリシアでは同盟が形成される。①アイトリア同盟（二二〇〜二一七）、②アカイア同盟。アカイア同盟とマケドニアの連合軍がスパルタをセラシアで破る(二二二)。アカイア同盟の解体	マケドニアではアンティゴノス朝が支配。二一五、マケドニアとカルタゴの同盟、以後二〇五まで第一次マケドニア戦。二〇二、アンティオコスⅢと反エジプト同盟を結ぶ。二〇〇〜一九七、第二次	二三九〜一三〇、ギリシア・バクトリア王国。二二三〜一八七、偉大なセレウコス朝支配者アンティオコスⅢ、シリア・パレスティナ、東方で勝利を得たのち、ローマ軍と戦う。	エジプトではプトレマイオス朝が支配。

とコリントの破壊（一四六）。ギリシア諸都市はマケドニアの属州に併合される。
マケドニア戦争。ローマの干渉と、マケドニアの敗北。一七一～一六八、第三次マケドニア戦争。ローマに敗れ、ローマの属州となる。
一九〇、マグネシアの戦闘でアンティオコス敗退。六四、ポンペイウスがセレウコス王朝を滅亡さす。
三〇、アレクサンドリア陥落、ローマの属州となる。

参考文献

●資　料

Arnim, H. von : *Stoicorum Veterum Fragmenta*, 4 vols, Leipzig, Teubner——1905〜1924

Bailey, C. : *Epicurus, The Extant Remains*, Oxford——1926

Vogel, C. J. de : *Greek Philosophy* Ⅲ, Leiden. Brill——1959

Long, A. A. and Sedley, D. N. : *The Hellenistic Philosophers* 1, Cambridge——1987

『物の本質について』 ルクレーティウス著、樋口勝彦訳——岩波文庫 一九六五

『後期ギリシア哲学者資料集』 山本光雄・戸塚七郎訳編——岩波書店 一九八五

『エピクロス』 出　隆・岩崎允胤訳——岩波文庫 一九八六

○Diogenes Laertius, Sextus Empiricus, Plutarch, Cicero, Lucretius　に関しては、Loeb C. L. を使用。

●参考書（＊印は、とくに参照にしたものを示す）

Zeller, E. : *Stoics, Epicureans and Sceptics*, London——1880

Bailey, C. : *The Greek Atomists and Epicurus*, Oxford——1928

Dudley, D. R. : A *History of Cynicism*, London——1937

De Witt, N. W. : *Epicurus and his Philosophy*, Minneapolis——1954

Kirk, G. S. and Raven, J. E. : *The Presocratic Philosophers*, Cambridge——1957

＊Sambursky, S. : *Physics of the Stoics*, London——1959

Christensen, Y. : *An Essay of the Unity of Stoic Philosophy*, Copenhagen——1962

＊Kneal, W. and M. : *The Development of Logic*, Oxford ——— 1962

＊Sambursky, S. : *The Physical World of the Greeks*, London ——— 1965

Watson, G. : *The Stoic Theory of Knowledge*, Belfast ——— 1966

＊Furley, D. : *Two Studies in the Greek Atomists*, Princeton ——— 1967

Edelstein, L. : *The Meaning of Stoicism*, Harvard ——— 1968

Rist, J. M. : *Stoic Philosophy*, Cambridge ——— 1969

Gould , J. B. : *The Philosophy of Chrysippus*. Leiden, Brill ——— 1970

＊Long, A. A. ed : *Problems in Stoicism*, London ——— 1971

Rist, J. M. : *Epicurus : An Introduction* ,Cambridge ——— 1972

＊Long, A. A. : *Hellenistic Philosophy*, London, Duckworth ——— 1974

＊Rist, J. M. ed : *The Stoics*, University of California Press ——— 1978

＊Schofield, Burnyeat and Barns, ed : *Doubt and Dogmatism*, Oxford——— 1980

＊Forschner, M. : *Die stoische Ethik*, Stuttgart ——— 1981

＊Gosling, J. C. B. and Taylor, C. C. W. : *The Greeks on Pleasure*, Oxford ——— 1984

＊Schofield and Striker, ed : *The Norms of Nature*, Cambridge ——— 1986

●巻末の年表に関する参考書

Cambridge Ancient History vol. Vl, Vll

M. Cary : *A History of The Greek World* 323～146

Hammond, N. G. L. and Walbank F. W. : *A History of Macedonia* vol. Ⅲ

Rostovtzeff, M. : *Social and Economic History of The Hellenistic World* vol. I

さくいん

【人名】

アテナイオス…一二四〜一二六・一二八
アナクサゴラス ……三・八・九
アリストテリス……三・八〜一〇・一七〜一九・二四〜二六・三一・四九・八一〜八五・八九・九〇・九二・九三・九六〜一〇〇・一〇六・一〇九・一七三・一七五・一九四〜一九六・二〇二・二〇三
アルケシラオス……一二・一四二
アレクサンドロス…四・八〜一〇・一七・二四・二六・四八・一二四・一二六・一二九・一三〇・二三〇
アンティゴノス一世 ……二五・二八〜三一・三三
アンティゴノス二世 ……一三六〜一四〇
アンティステネス …一二五・一二六
アンティパトロス 一八・二四・一三七
カイレストラテ……一五
カッサンドロス……八・九・二五
カルネアデス……一二
キケロ……二三・二六・一一八・一一九・一九一・二〇八〜二一〇
クセノクラテス……一八・一二四
クセノポン ……一二四
グラウコン ……一三八・一三九
クラテス 一二四・一二五・一三〇〜一三三
クリュシッポス… 一一・一三・四一・一三四・一三五・一四一〜一四三・一四八・一五〇〜一五二・一七五〜一七八・一八〇・一八四・一九七・一九九・二〇〇・二〇四・二二二
クレアンテス ：一一・一四〇〜一四三・一七六・一八四
クレモニデス ……一三九
ソクラテス……一二四・一二五・一二八・一三四・一五〇・一六七・一九七
ディオゲネス…一二五〜一三〇・二一九
テオドロス……一三〇〜一三二
テオプラストス 一〇・一八・二一・二三
デモクリトス ……三・一二・一六・一七・二〇・二三・七九〜八一・九〇
ナウシパネス……二〇〜二二
ネオクレス ……一四〜一六・一八
パレルロンのデメトリオス ……二五・二九・三三
パンピロス……一七
ピタゴラス……三八・一九六
ヒッパルキア ……一三一・一三三
ヒッポクラテス ……一八六・一八七
ピュロン ……二一・二三
プトレマイオス一世 ……三〇・三一・三三
プトレマイオス二世 ……一三六・一三七・一三九・一五四
プラクシパネス……一九
プラトン……八・九・一七・二四〜二八・三八・四九・一二六・一九六・二〇一
ヘシオドス……一六・一七三
ヘラクレイトス ……一三四・一六七
ヘルマルコス… 三二・三四・四〇・四四
ホメロス ……一六・一九・二六・二七
ミトレス……三〇
ムナセアス ……一二三
メトロドロス……三二・三四・三五・三七・四〇・四二〜四五
リュシマコス……二九〜三一・一三七
ルクレティウス……四二・四六・五六・五七・六七・七一・一〇三・一〇六〜一〇九
レウキッポス ……七九・八一

【事　項】

●エピクロス関係

映　像……五三～五八・六四～六七・九五・九六・一〇二・一〇五～一〇九
快楽主義的零……一二五
感　覚……三・五〇～六八・七〇・七一・八八・一二三
感　情（快と苦）……四・二二～二五・五〇・五一・六八～七八・一一二・一一五
記憶像……五三
極　限……八六・八八・八九・九八・九九
空　虚……八〇・八一・九〇・九六・九七
原　子……三・七九・八九～九五・一〇八
合成体……九二・九三
混　沌……一六・一七三
最短の連続的時間……九二～九六
斜傾運動……二三・一〇一～一〇六
身体の無苦……四・四八・七〇・一一七・一一九
随意的行為……二三・一〇〇～一〇二・一〇九
精神の表象作成的接触（精神による把握）……五〇・五五～五八
精神の平静……四・四八・七〇・一一七～一一九
性　向……一〇六・一一〇
静的快楽……一二二・一二六～一二八
先取観念……二三・五〇～五四・一〇七
知覚できる限りでの最小限……八七・八八
動的快楽……一二二・一二六～一二八
不可分割的な運動……八三
不可分割的な時間……九三～九六
不可分割的な量……九四
末　端……八〇～八三・八七・九四
友　愛……一六・三八・三九
欲望の分類……七五
霊　魂……一〇二・一〇四・一〇五・一〇七～一一一

●ストア関係

運　命……一九〇・一九一
感　覚……一四七～一四九・一七五
感　情……一九九～二〇一
技術的な火……一六七～一六九・一七一・一七二・一七五
共　感……一七八
極　限……一九五
緊　張……一七七・一八五・一八六
原因の連鎖……一六二・一八九～一九一
言語的表象……一六〇・一六一
賢　人……一五七・一六三・一六五・一六六・二二三・二二五～二三一
原　理（能動的と受動的）……一六八～一七〇・一七三・一七四
混　合……一七九・一八〇
混　沌……一六・一七三
主導的部分……一四七～一五三・一八三・一八四・二〇二
真……一六三～一六六
親近関係……一四七・二〇四～二〇七・二一四
真　理……一六三～一六六
性　向……一六五・一九四・一九五・
先取観念……一四九～一五一・二〇七・二二三・二二五～二二八
全体にわたっての混合……一八〇
相互原因……一九三・一九四
脱感情……四・一三二・二〇二・二〇三
適切な行為……二〇九～二一二
同　意……一五三～一五五
道徳的行為……二〇九～二一三・二一五・二一七
何　か……一六三・一八一
把　握……一五五～一五七
把握的表象……一五四～一五八
話されたもの（レクトン）……一五七～一六四・一八一
範　疇……一六五・一八一・一八二
非物体……一六二・一六四・一六八・一七五・一八一・一八二
表　象……一五一～一五四
物　体……一四七・一六四・一六五・一六八・一六九・一八二・一八三
物理的状態……一七八
プネウマ……一四八・一七三～一八一・一八四～一八六・一八八・二〇六
連続体……三・一四九・一五一

エピクロスとストア■人と思想83　　定価はカバーに表示

1980年 8 月20日　第 1 刷発行©
2014年 9 月10日　新装版第 1 刷発行©
2023年 2 月25日　新装版第 3 刷発行

・著　者　…………………………堀田《ほった》　彰《あきら》
・発行者　…………………………野村久一郎
・印刷所　…………………………大日本印刷株式会社
・発行所　…………………………株式会社　清水書院

〒102-0072　東京都千代田区飯田橋3-11-6
Tel・03(5213)7151～7
振替口座・00130-3-5283
http://www.shimizushoin.co.jp

検印省略
落丁本・乱丁本は
おとりかえします。

CenturyBooks

Printed in Japan
ISBN978-4-389-42083-3

CenturyBooks

清水書院の〝センチュリーブックス〟発刊のことば

近年の科学技術の発達は、まことに目覚ましいものがあります。月世界への旅行も、近い将来のこととして、夢ではなくなりました。しかし、一方、人間性は疎外され、文化も、商品化されようとしていることも、否定できません。

いま、人間性の回復をはかり、先人の遺した偉大な文化を継承して、高貴な精神の城を守り、明日への創造に資することは、今世紀に生きる私たちの、重大な責務であると信じます。

私たちがここに、「センチュリーブックス」を刊行いたしますのは、人間形成期にある学生・生徒の諸君、職場にある若い世代に精神の糧を提供し、この責任の一端を果たしたいためであります。

ここに読者諸氏の豊かな人間性を讃えつつご愛読を願います。

一九六七年

清水梼

SHIMIZU SHOIN